W0239686

Xiang Wang

ABC des Gemüse- und Früchteschnitzens

Impressum
ABC des Gemüse- und Früchteschnitzens

Herausgeber

© Copyright 2001 by:

Andy Mannhart AG
Fachschule für Kochartistik
CH-6044 Udligenswil-Luzern Switzerland
Telefon +41 41 375 0220, Fax +41 41 375 0222
Info@andymannhart.com
www.andymannhart.com

Projektleitung
Brunner AG, Verlag · Print · PubliShop® · CH-6010 Kriens
www.bag.ch

Fotos, Bildgestaltung
b&b digital-fotografie
Hans Peter Blunier, CH-6010 Kriens

Grafische Gestaltung, Textbearbeitung, Lithos, Satz und Druck
Brunner AG, Verlag · Print · PubliShop® · CH-6010 Kriens
www.bag.ch

Einband
Buchbinderei Burkhardt AG, CH-8617 Mönchaltorf

Geschirr
Porzellanfabrik Langenthal AG
Hergiswiler Glas AG

Das Werk, einschliesslich aller seiner Teile, ist urheberrechtlich geschützt. Jede Verwertung ist ohne Zustimmung von Andy Mannhart unzulässig. Dies gilt insbesondere für Nachdruck, Vervielfältigungen, Übersetzungen, Mikroverfilmungen, Unterricht auf gewerblicher Basis und Einspeicherung und Verarbeitung in elektronische Systeme.

ISBN 3-9522048-3-8
Printed in Switzerland

Inhalt

Vorwort

Als ich 1992 in die Schweiz übersiedelte, war es mein Wunsch, den Europäern die damals noch unbekannte Kunst des Gemüse- und Früchteschnitzens näher zu bringen. Die Begeisterung, die meine beiden Lehrbücher ausgelöst haben, und die vielen Reaktionen, die täglich bei mir eingehen, motivieren mich immer wieder zu neuen Kreationen.

Mit diesem Buch bin ich auf all die Wünsche der Hobby-Schnitzer eingegangen, die ein kleines Nachschlagewerk für zu Hause wünschten, mit Schnitzereien, die mit nicht allzu viel Aufwand verwirklicht werden können.

Ich wünsche Ihnen viel Spass mit dem vorliegenden Werk!

王祥 X. Wang

Xiang Wang

Einführung

Die chinesische Schnitzkunst ist dafür bekannt, dass Sie schnell erlernbar ist, jedoch einen grossen Satz von Meisseln benötigt. Im Gegensatz zu der thailändischen Schnitzkunst, die mit einem einzigen Schnitzmesser auskommt, für uns Europäer jedoch sehr schwierig zu erlernen ist.

Xiang Wang hat sich in diesem Buch auf ein 3-teiliges Meissel-Set und ein normales Haushaltmesser beschränkt.

Dass mit diesem kleinen Set dennoch wahre Kunstwerke geschaffen werden können, zeigen Ihnen die folgenden Seiten. Bevor Sie jedoch zu schnitzen beginnen, gewöhnen Sie sich das Überprüfen folgender Checkliste an:

- Das Gemüse/die Frucht ist frisch und somit lange haltbar
- Das Werkzeug ist frisch geschliffen
- Hilfsmittel wie Ausstecher, Pfefferkörner, Gemüseleim sind vorhanden.
- Wasserkessel, Folie und Früchtespray für die optimale Haltbarkeit sind griffbereit
- Studium des Gemüses/der Frucht, um die optimale Grösse und Farbe herauszuholen
- In Gedanken den ganzen Schnitzablauf durchgehen.

Werkzeug

Erholung durch Schnitzen!

Wahre Kunstwerke entstehen in einer gemütlichen Atmosphäre. Achten Sie jedoch auf einen stabilen Tisch und gutes Licht.

Schleifen Sie vor jedem Schnitzen Ihr Werkzeug. Mit gut geschliffenem Werkzeug lässt es sich viel einfacher arbeiten.

Aufbewahrung

Grundsätzlich unterscheiden wir zwischen der Aufbewahrung von Gemüse und derjenigen von Früchten.

Gemüse

Alle harten Gemüse nach dem Schnitzen sofort ins kalte Wasser legen und im Kühlschrank aufbewahren. Bei längerer Aufbewahrung das Wasser täglich wechseln.

Grosse Schaustücke mit einem nassen Lappen bedecken bzw. einwickeln und im Kühlschrank aufbewahren.

Weiches Gemüse wie zum Beispiel Tomate lässt sich schlecht aufbewahren. Darum sollte man es möglichst frisch schnitzen. Wenn nötig mit einer Folie abdecken und im Kühlschrank lagern.

Früchte

Im unreifen Zustand geschnitzte Früchte können lange erhalten bleiben. Geschnitzte Objekte sofort nach der Fertigstellung mit F keep-fresh-Spray besprühen. Entweder in einen verschliessbaren Behälter legen oder mit Folie umwickeln.

Mit F-keep-fresh-Spray besprühte Früchte werden nicht mehr braun. Werden sie luftdicht verpackt im Kühlschrank aufbewahrt, sehen sie auch noch nach ein paar Tagen wie frisch geschnitzt aus!

Gurkenfrosch

Ein Froschkönig nicht nur für Prinzessinnen: Der Gurkenfrosch begeistert Kinder wie Erwachsene und darf als lustiger Augenfang und originelles Accessoire bei keiner Kinderparty fehlen!

Werkzeug und Material: Messer, runde Meissel, gerillte Meissel, Zahnstocher, Pfefferkörner

Von einer Gurke mit zwei schrägen Schnitten zwei Stücke abschneiden, wobei das Endstück etwas grösser sein sollte als das andere.

Das zweite Gurkenteil senkrecht aufstellen und auf beiden Seiten je ein halbrundes Stück wegschneiden. Dabei das eine für die Hinterbeine etwas grösser, das andere für die Vorderbeine etwas kleiner schneiden.

Die zwei halbrunden Gurkenstücke mit der grossen Schnittfläche nach unten flach hinlegen. Nun viermal dünn einschneiden, dabei den Schnitt erst ein paar Millimeter unterhalb der oberen Kante beginnen, damit die Teile miteinander verbunden bleiben. Beim fünften Mal ganz durchschneiden. Dies je zweimal beim kleineren und beim grösseren Gurkenstück ausführen.

Das Gurkenendstück zur Hand nehmen, hinlegen und beim Kopfteil einen Keil für das Maul herausschneiden.

Mit dem mittleren Rundmeissel auf der Oberseite zwei kreisförmige Löcher als Augenhöhlen ausstechen.

Auf der Unterseite durch dünnes Abschälen mit dem Messer die Brust andeuten.

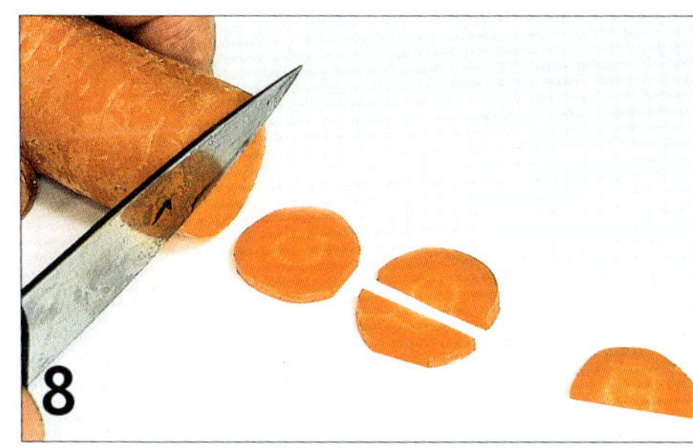

Für die Zunge von einer Karotte eine Scheibe abschneiden und halbieren.

Gurke

9

Mit dem mittleren Rundmeissel aus einer Karotte zwei kreisförmige Stücke herauslösen und als Augen in die Augenhöhlen setzen. Die Pfefferkörner als Pupillen verwenden. Die Zunge einsetzen.

10

Als Sockel von einem Kohlrabi eine etwa 1,5 cm dicke Scheibe abschneiden. Mit dem grösseren gerillten Meissel rundherum einstechen, dabei die Rundung immer nach aussen halten.

11

Die Füsse auf dem Sockel platzieren.

12

Froschkörper unten flach abschneiden, dass er gut auf dem Sockel stehen kann. Eventuell mit Zahnstocher befestigen.

Baumblume

1

Werkzeug: Messer, Schere

2

Von einer Gurke etwa einen Drittel mit dem Messer der Länge nach abschneiden; die Blume wird aus diesem Stück gefertigt.

3

Gurkenstück auf die Schnittfläche legen. Längs auf beiden Seiten zwei Streifen und oben die Spitze abschneiden.

4

Jeweils auf halber Höhe beginnend etwa 3 bis 5 mm dicke Längsstreifen schneiden. So einteilen, dass sich eine ungerade Zahl von Streifen ergibt.

5

Jeden zweiten Streifen gegen die Mitte nach innen biegen. Nach der Hälfte stoppen und von der anderen Seite her gleich vorgehen.

Mr. Carving

Die Blume in möglichst kaltes Wasser legen, damit sie sich festigt und gut steht!

6

Die äusseren Enden flach hinlegen und mit dem Messer spitzig zuschneiden.

7

Die Spitze mit der Schere verlängern und verfeinern.

Gurke

Kohlrabi-Schwan

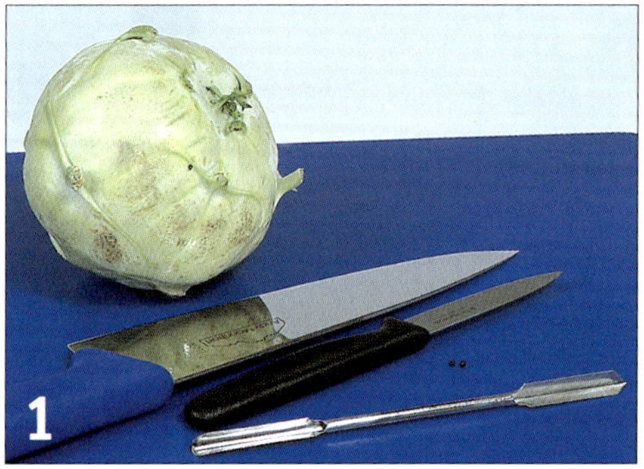

Werkzeug und Material: Messer, V-Meissel, Zahnstocher, Pfefferkörner

Kohlrabi schälen. Auf einer Seite etwa einen Fünftel wegschneiden, damit eine glatte Abstellfläche entsteht.

Kohlrabi auf die Schnittfläche stellen. Auf beiden Seiten nochmals je etwa einen Fünftel wegschneiden.

Eine feine Scheibe bis ca. 4 mm vor den Ansatz schneiden. Dann nochmals eine Scheibe in derselben Dicke schneiden, diesmal jedoch ganz durchschneiden. Dabei ist wichtig, dass die Scheiben gegen unten etwas dicker werden.

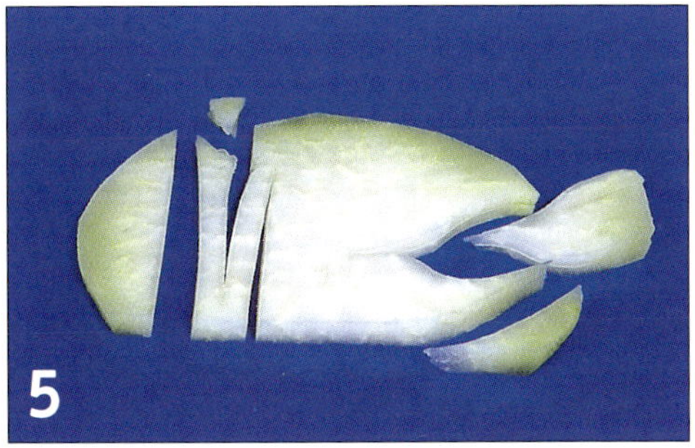

Schwanenform gemäss Abbildung zuschneiden.

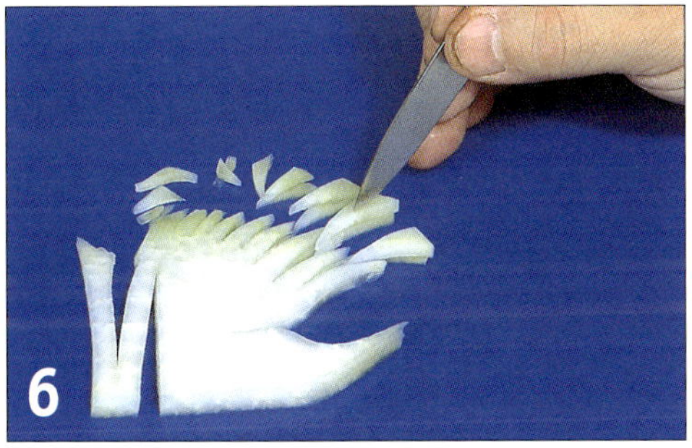

An der oberen Kante der Flügel mit dem Messer nach hinten grösser werdende Zacken einschneiden.

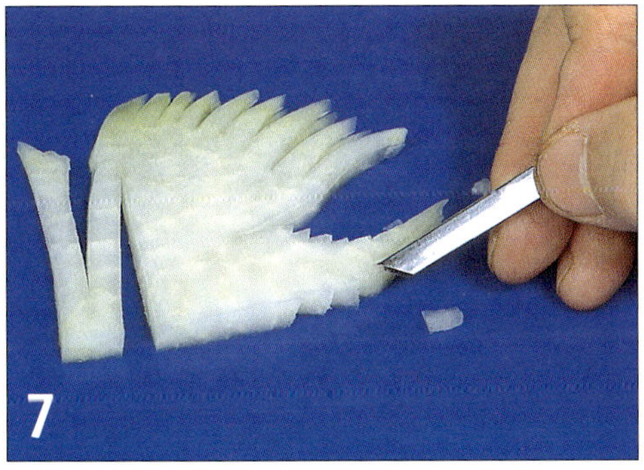

Die Ränder des Hinterteils mit dem V-Meissel fein zacken.

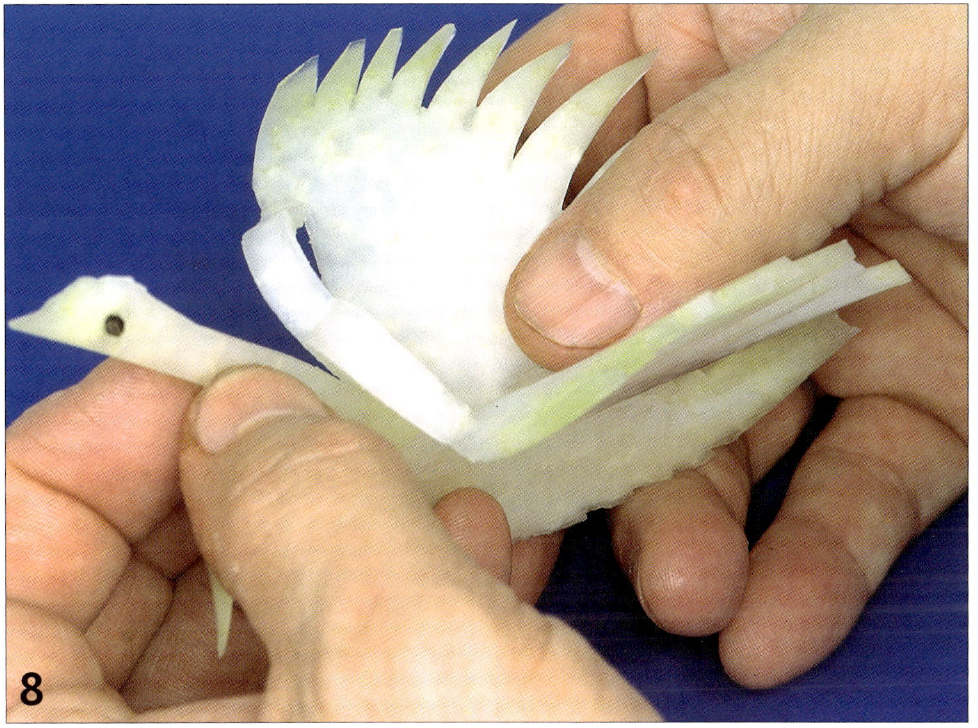

Kopfform verfeinern. Auf beiden Seiten des Kopfes Pfefferkörner als Augen eindrücken. Die Flügel sorgfältig auseinander klappen und das Ende des Schwanenhalses zwischen die Flügel stecken.

Beim Verzieren der Flügel darf der Fantasie freien Lauf gelassen werden.
Den fertigen Schwan auf einen Zahnstocher stecken und fliegen lassen!

Kohlrabi

Mr. Carving

Statt Kohlrabi können Sie auch Rote Bete, Rettich, Karotte oder Melone verwenden. Im «Grossen Lehrbuch der Gemüse- und Früchteschnitzerei» von Wang Xiang finden Sie einen Schmetterling, der auf ähnliche Art geschnitzt wird, ebenfalls mit Schritt-für-Schritt-Anleitungen!

Chili-Kaktusblüte

Werkzeug: Messer

Eine Chilischote halbieren.

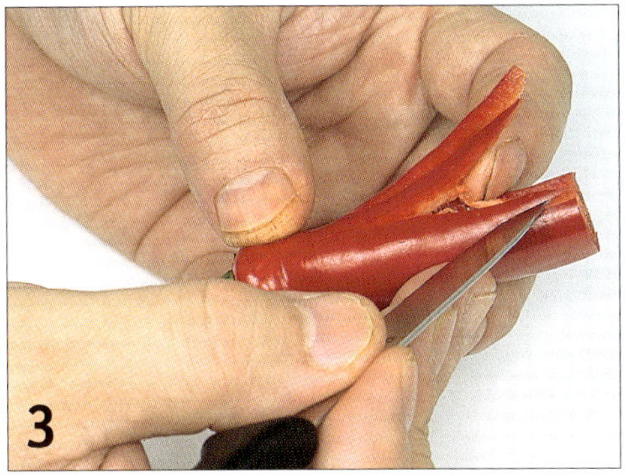

Den unteren Teil der Chilischote zur Hand nehmen und mit dem Messer über drei Viertel der Länge lange, schmale Zacken einschneiden.

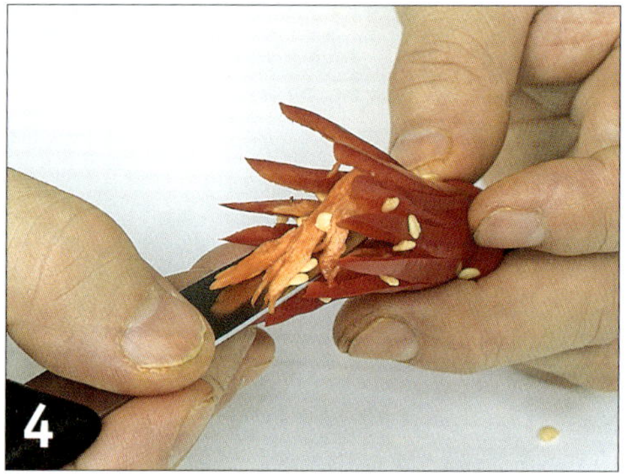

Kernstück sorgfältig wegschneiden.
Blüte waschen und alle Kerne entfernen.

Blüte ins kalte Wasser legen, damit sich die Blütenblätter nach aussen kringeln.

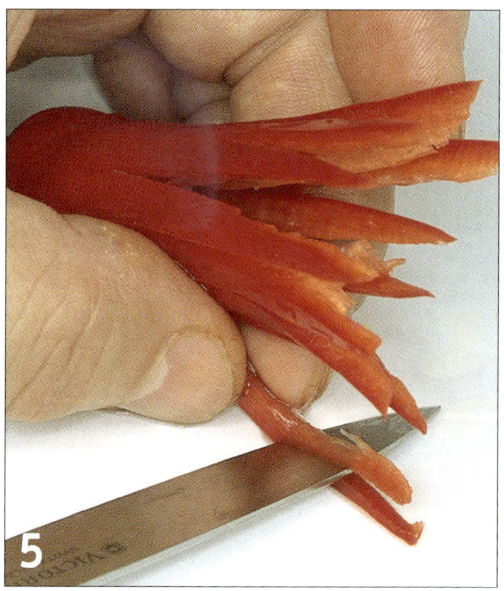

Bei jedem Blütenblatt sorgfältig das Fleisch wegschneiden, so dass nur noch eine möglichst dünne Schale bleibt.

Die Spitze der Chilischote in der Mitte der Blüte als Stempel mit einem Zahnstocher befestigen.

Für Fortgeschrittene: Schritte 3–5 mit der Schotenspitze wiederholen und diese anschliessend als Blütenmitte einsetzen.

Mr. Carving

Während des Schnitzens dieser Blüten nicht das Gesicht oder gar die Schleimhäute berühren, sonst brennt es!

Radieschen-Strohröschen

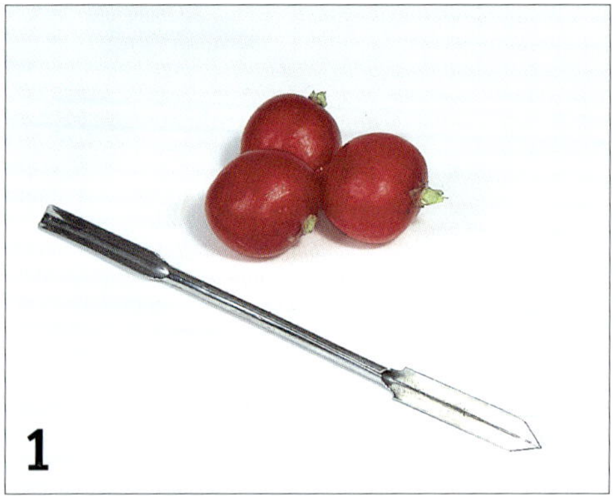

Werkzeug: V-Meissel

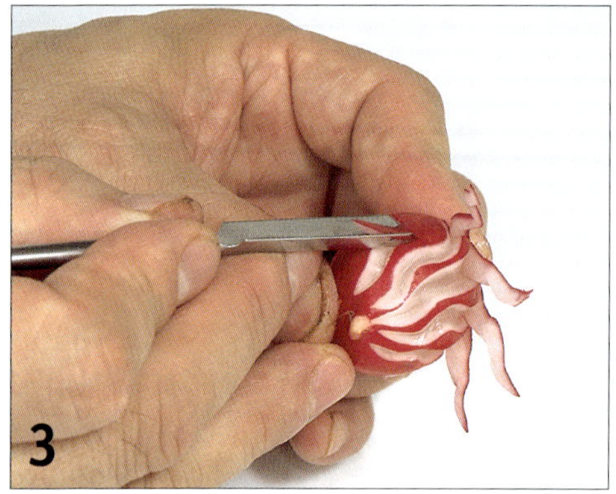

Rundherum gleichmässig schnitzen. Dabei immer darauf achten, dass zwischen den geschnitzten Rillen etwas von der roten Schale stehen bleibt.

2

Vom oberen Mittelpunkt des Radieschens zum Ansatz hin mit dem V-Meissel wellenförmige Rillen schnitzen.

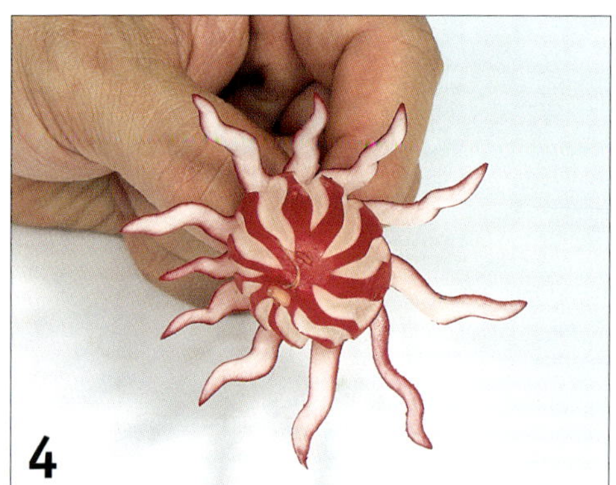

Radieschen ins kalte Wasser legen, damit die Blütenblätter fest werden und schön stehen.

Mr. Carving

Diese Blume ist blitzschnell geschnitzt, lässt sich wunderbar vorbereiten und bestens als Tellerdekoration verwenden.

Werkzeug: Messer, gerillte Meissel,
V-Meissel, Zahnstocher

Fenchel-Calla

Eine wunderschöne Blume aus Fenchel mit vielen Vorzügen: einfach und schnell zu schnitzen, lange haltbar, günstig im Preis. Verblüffen Sie Ihre Gäste!

Fenchel sauber waschen.
Boden wegschneiden.

Die äussersten Fenchelschichtstücke sorgfältig lösen. Falls nötig, Boden wieder etwas nachschneiden, damit sich die nächsten Schichten lösen lassen. Ein Fenchel ergibt je nach Grösse 6 oder mehr Schichtstücke bzw. Blüten.

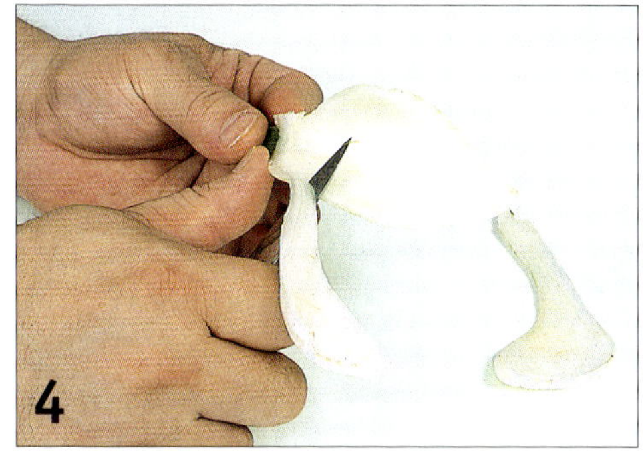

Fenchelstück mit dem Messer in eine Blütenform schneiden. Von oben in der Mitte nach unten arbeiten, dabei Fleisch seitlich wegschneiden.

Mit dem gerillten Meissel auf der Innenseite der Blüte vom oberen Blütenrand zum Stilansatz hin Rillen schnitzen. Für die grossen Blüten den grossen gerillten Meissel verwenden, sonst den kleineren. Die Blüten zum Frischhalten ins kalte Wasser legen.

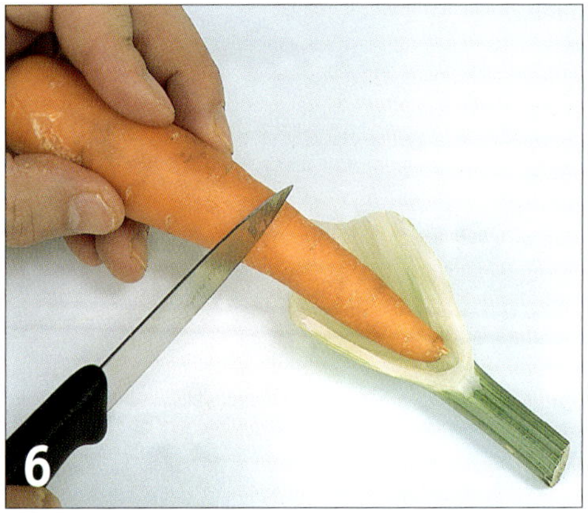

Eine Karotte zum Abmessen in die Blüte legen und bei zwei Dritteln der Blütenlänge abschneiden.

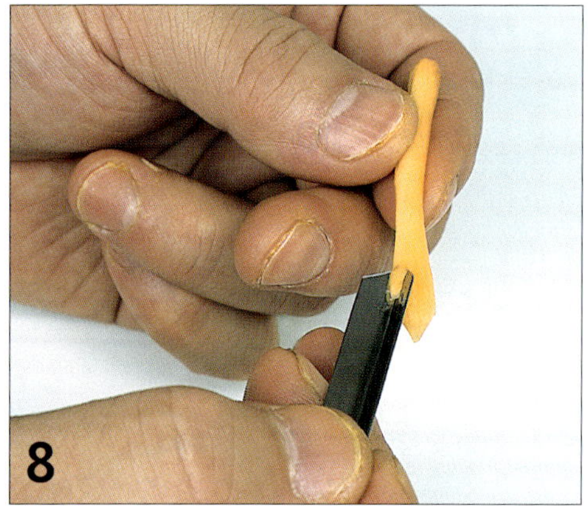

Mit dem V-Meissel rund um den oberen, knospenförmigen Teil des Stempels Längsrillen einschnitzen.

Blütenstempel in die Blüte stecken. Stempel wenn nötig zum Einpassen ins Blütenloch zuspitzen oder mit Zahnstocher befestigen.

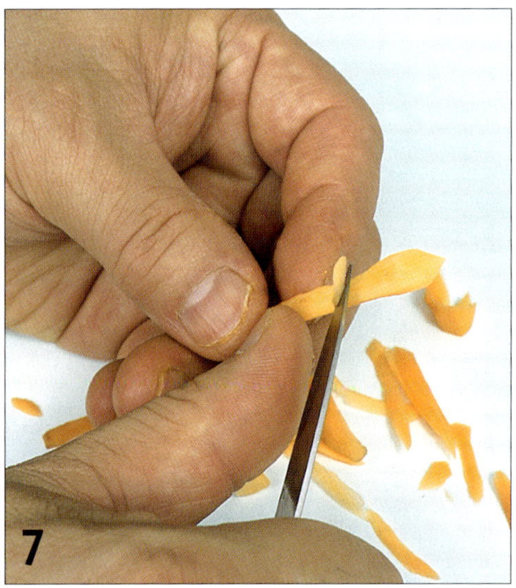

Karottenstück stempelförmig zuschneiden.

Fenchel

Günstige, ess- und kompostierbare Dekoration.

Lauch-Lilie

Mr. Carving

Die verschiedenen Grüntöne des Lauches ergeben wundervolle Farbeffekte. Die Lauch-Lilie ist vielseitig zu verwenden und lange haltbar. Sie kann bestens im Voraus vorbereitet und im Wasser aufbewahrt werden.

1

Werkzeug: Messer, Schere

Wurzeln wegschneiden. Lauch in ca. 12 cm lange Stücke schneiden. (Aus einem grossen Lauch lassen sich 3 Blumen fertigen.)

Mit dem Messer von oben nach unten 5 Streifen von zwei Dritteln der Länge des Lauchstückes schneiden. In der Mitte muss ein Kernstück von 1 cm Durchmesser ungeschnitten bestehen bleiben.

Das zweite Blatt von aussen nach innen biegen und einstecken. Von aussen nach innen arbeitend die weiteren Blätter dieses Streifens feststecken.

5

Die anderen Streifen gleich bearbeiten, wobei das äusserste Blatt immer stehen bleibt.

Lauch

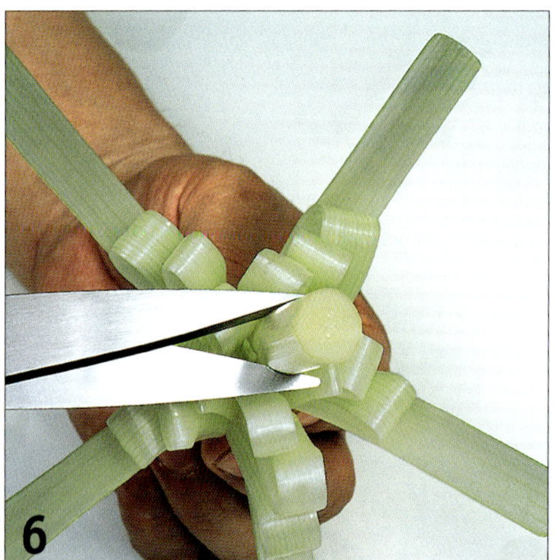

6

Mittelstengel mit der Schere oben flach wegschneiden.

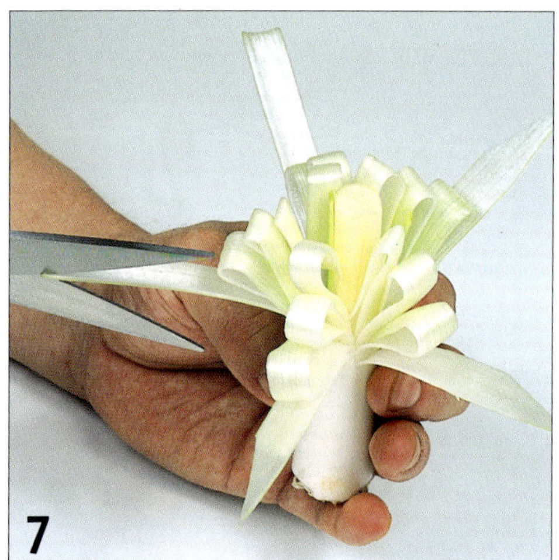

7

Die nicht festgesteckten Blätter spitzig zuschneiden.

Apfel-Dahlie

Werkzeug: Messer, gerillte Meissel,
V-Meissel, Früchtespray

Rund um den Stielansatz mit dem V-Meissel einen Blütenkranz stechen.

Mit dem kleinen gerillten Meissel versetzt zum gestochenen Zackenkranz einen ersten Blütenkranz schnitzen.

Mit dem Messer unter jeder Blüte ein V einschneiden.

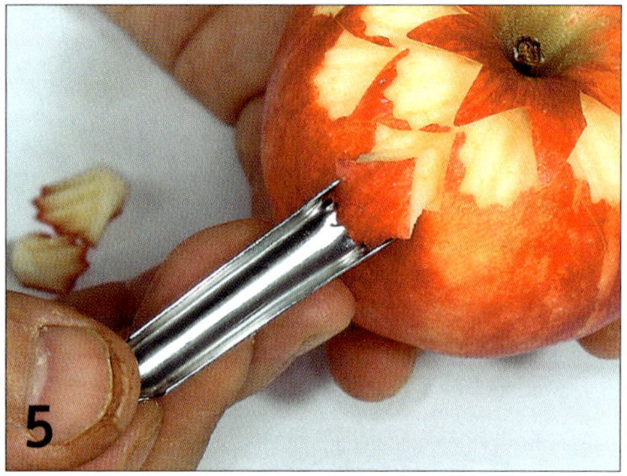

Mit dem kleinen gerillten Meissel jeweils versetzt zu den Vs einen weiteren Blütenkranz schnitzen.

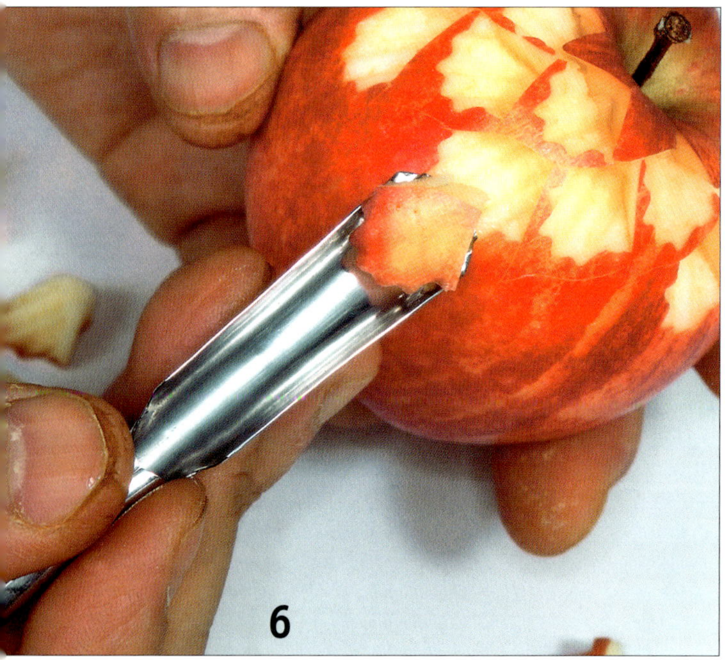

Schritte 4 und 5 wiederholen. Je nach Grösse des Apfels ungefähr bei der dritten Reihe zum grösseren gerillten Meissel wechseln.

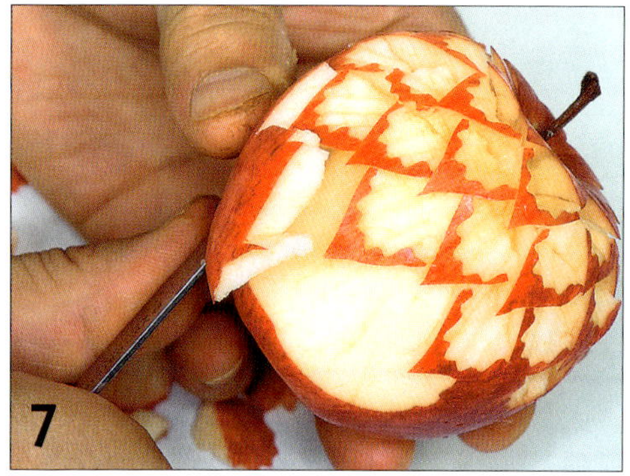

Nach dem letzten Blütenkranz das Fruchtfleisch mit dem Messer grosszügig wegschneiden, um die Blüte freizustellen.

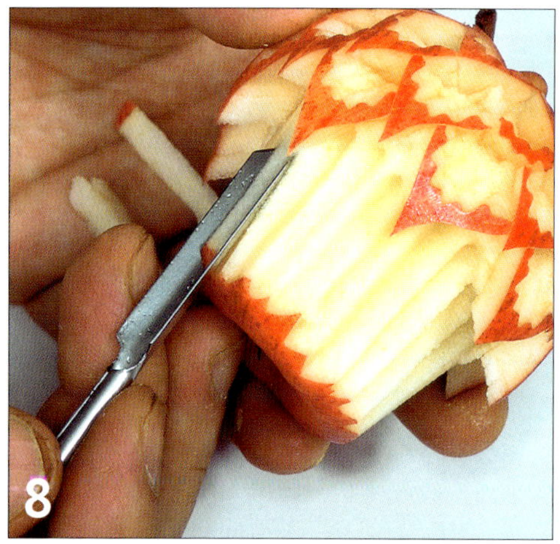

Mit dem V-Meissel den Sockel mit Längsrillen verzieren. Dabei von unten nach oben bis unter den letzten Blütenkranz arbeiten.

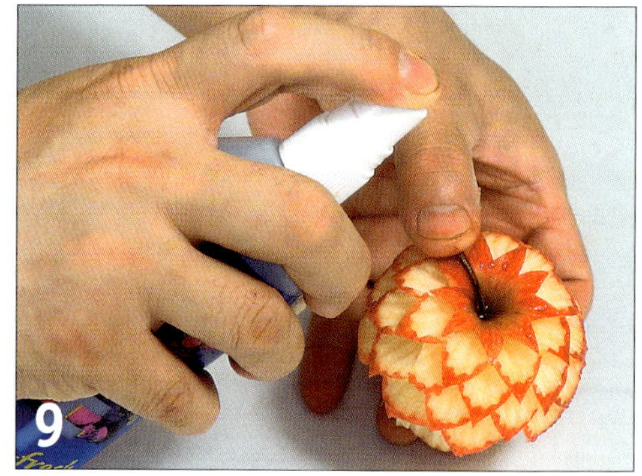

Die Apfelblume sofort mit dem F-keep-fresh-Spray besprühen. Zum Aufbewahren in einem luftdicht verschliessbaren Behälter in den Kühlschrank stellen.

Apfel

Mr. Carving

Falls Sie keinen F-keep-fresh-Spray zur Hand haben, können Sie auch Zitronensaft verwenden, um dem Braunwerden des Apfelfleisches vorzubeugen. Doch während es bei einem mit F-keep-fresh-Spray besprühten Apfel absolut kein Anlaufen mehr gibt, wird ein auch mit sehr viel Zitronensaft behandelter Apfel nach einer Stunde trotzdem braun.
Übrigens: Die mit F-keep-fresh-Spray behandelten Früchte können problemlos gegessen werden!

Aubergine-Pinguin

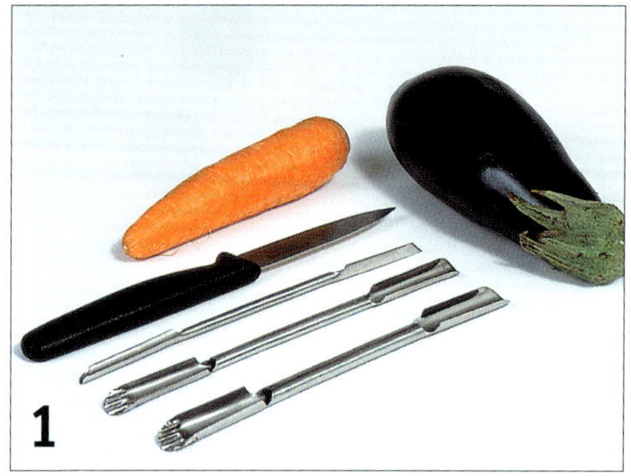

1

Werkzeug: Messer, runde Meissel

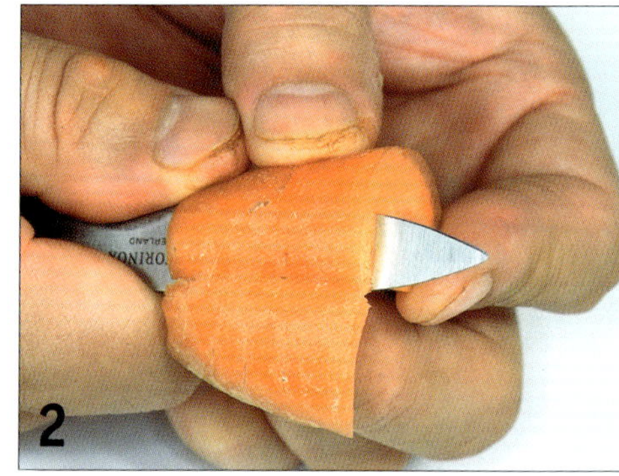

2

Von einer Karotte für den Schnabel ein etwa 3 cm langes Stück abschneiden und mit dem Messer zuspitzen.

3

Von einer Aubergine sorgfältig Stiel und Blätter entfernen. Die Aubergine so zur Hand nehmen, dass das schmalere Ende oben ist. Mit dem mittleren Rundmeissel für den Schnabel auf entsprechender Höhe einen Kreis ausstechen. Schnabel befestigen.

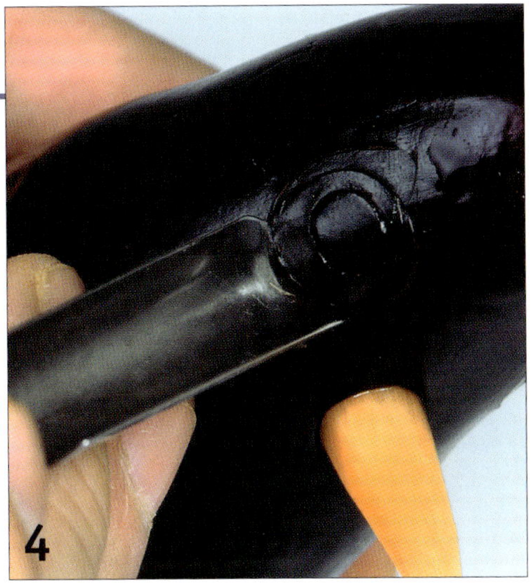

Mit dem kleinsten Rundmeissel leicht erhöht links und rechts vom Schnabel je einen Kreis einstechen, um die Augen anzudeuten. Mit dem grössten Rundmeissel um diesen Kreis einen weiteren Kreis ziehen.

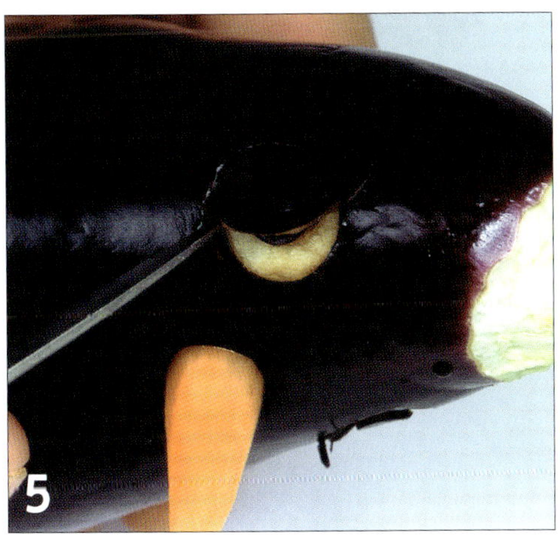

Mit dem Messer den äusseren Ring sorgfältig wegschneiden.

Auf beiden Seiten die Flügel einritzen. Dabei die hintere Seite der Flügel jeweils gezackt einritzen.

Die Flügel dünn von unten nach oben einschneiden.

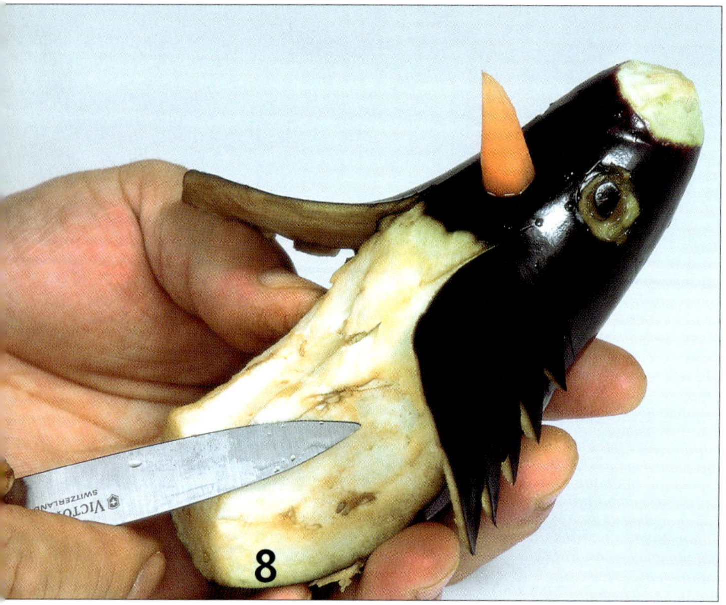

Körper und Beine durch Schneiden andeuten. Den Pinguin ins kalte Wasser legen, damit die Flügel sich aufstellen.

Ein ca. 4 cm langes Karottenstück senkrecht aufstellen, in der Mitte halbieren und die Hälften nochmals schräg schneiden, um zwei V-förmige Stücke zu erhalten.

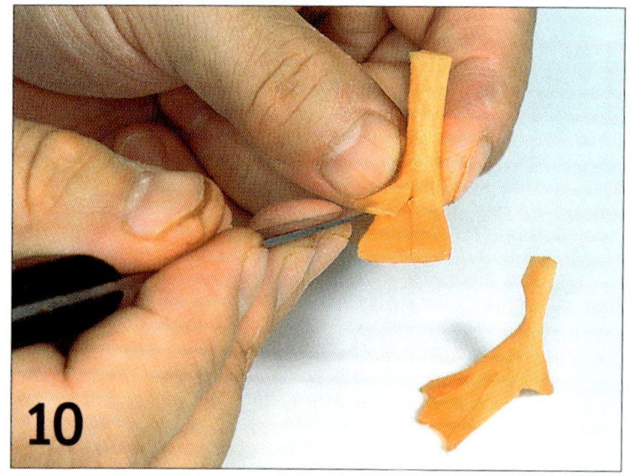

Aus den V-förmigen Stücken mit dem Messer je einen Fuss zuschneiden und die Schwimmhäute einritzen.

Mit dem mittleren Rundmeissel auf der Unterseite des Pinguins zwei kreisförmige Löcher für die Füsse herausstechen. Füsse in die Löcher einsetzen. Mit dem kleinsten Rundmeissel aus Karottenresten zwei kleine Kreise ausstechen und dem Pinguin als Pupillen in die Augen einsetzen.

Melonen-Orchidee

Werkzeug: Gerillte Meissel, Messer

Mit dem Messer eine Tropfenform einritzen und ausschneiden.

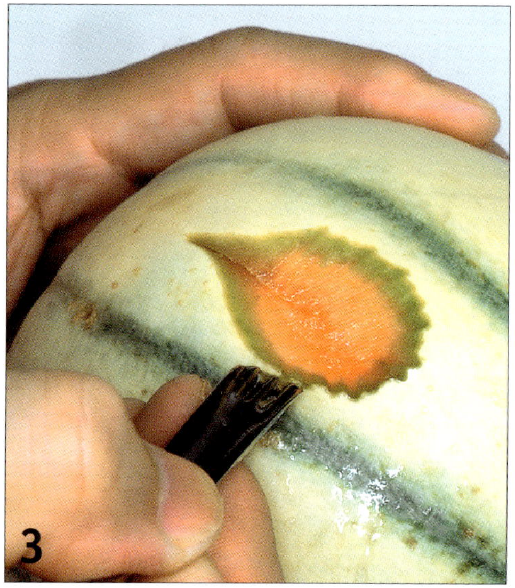

Mit dem kleinsten gerillten Meissel vom Tropfenrand nach innen Rillen schnitzen. Dabei den Meissel schon auf dem Schalenrand ansetzen.

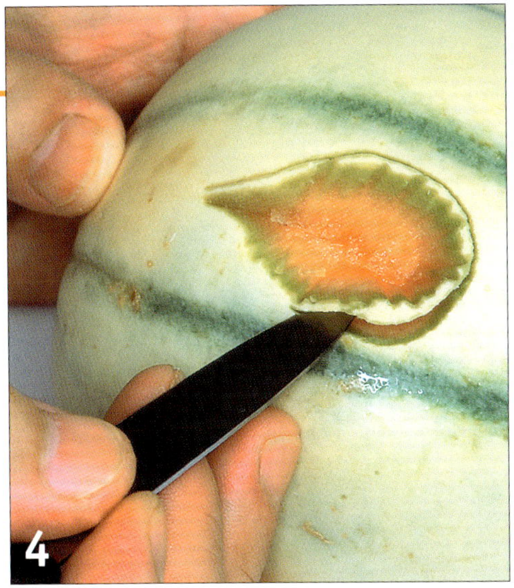

Den Tropfen 1 mm vom Rand entfernt mit einem tiefen schrägen Schnitt umranden.

Eine neue, eher etwas lang gezogene Blatt- oder Tropfenform bestimmen. Schritte 2–4 wiederholen.

Auf beiden Seiten des ersten Tropfens je 2 Tropfen oder Blätter gemäss den Schritten 2–4 schnitzen.

Wiederum die Schritte 2–4 wiederholen, aber statt Tropfen unten und oben zwei Halbkreise schnitzen.

Unterhalb der Halbkreise jeweils ein Blüten-
blatt gemäss den Schritten 2–4 schnitzen.

Die Blüte durch grosszügiges Abschälen mit dem Messer freistellen.

In die abgeschälte Fläche unterhalb der Blüte tiefe Längszacken bis hin zum Blüten-
rand einschneiden.

Mr. Carving

Viel einfacher geht das Schnitzen dieser Blume mit dem Thai-Messer, da dieses eine flexible, biegbare Klinge hat. Es besteht damit weniger die Gefahr, dass die Blütenblätter abbrechen, und feineres Arbeiten ist möglich.

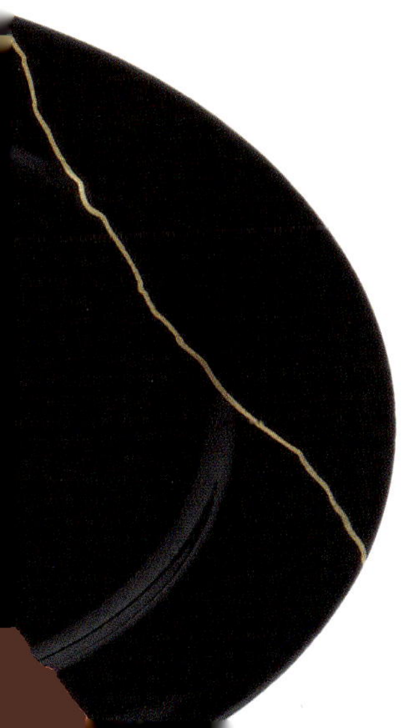

Spitzer-Ranunkel

1 Werkzeug: Messer, Gemüsespitzer

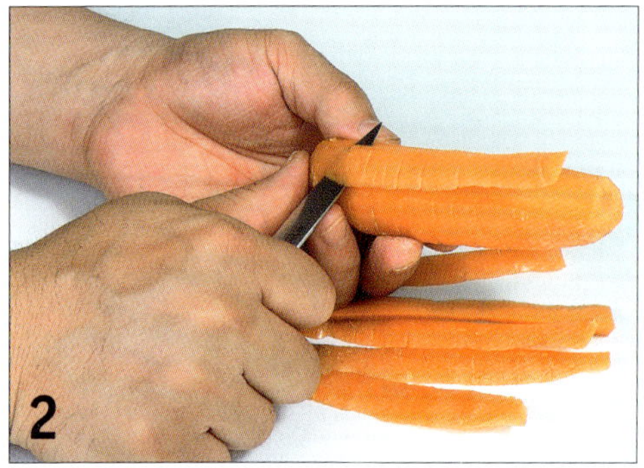

2 Bei einer Karotte den dünneren oberen Teil wegschneiden. Den dickeren unteren Teil mit dem Messer schälen und dabei leicht kantig zuschneiden.

Mr. Carving

Je kantiger man die Karotte zuschneidet, desto grössere Zacken erhalten nachher die Blüten. Aufgepasst: Gleichmässiges Zuschneiden wird mit gleichmässigen Zacken belohnt!

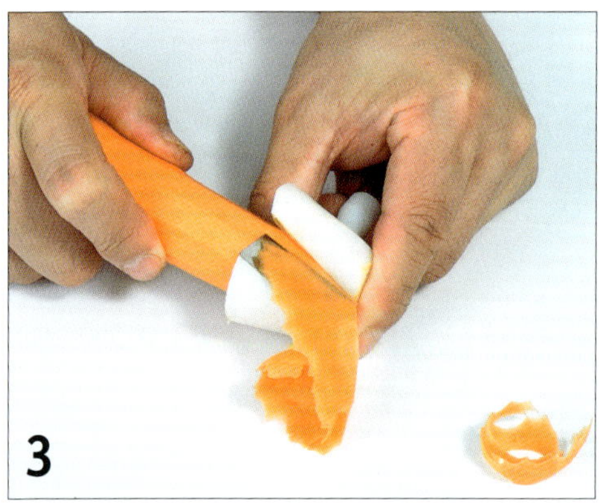

3 Karotte zuerst ein- bis zweimal im Spitzer drehen und das weggespitzte Stück entfernen. Dann wie einen Bleistift spitzen; dabei die Karotte leicht in den Spitzer pressen. Für grössere und dichte Blüten die Karotte dementsprechend länger spitzen.

4 Blüte eindrehen. Zugespitzte Spitze der Karotte abschneiden und als Blütenstempel verwenden.

Karotten
Zucchini
Rettich

Blume aus viereckig, beziehungsweise dreieckig zugeschnittenen Karotten.

Zucchini müssen nicht geschält werden, sofern sie in den Spitzer passen. Aus dem Dunkelgrün der Schale und dem helleren des Fleisches entsteht so eine wunderschöne zweifarbige Blüte.

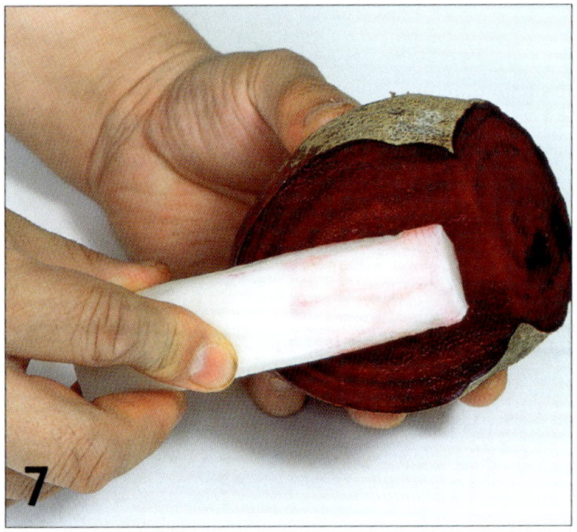

7

Um eine zweifarbige Blüte zu erhalten, lässt sich zum Beispiel ein Rettichstengel durch Reiben an Roter Bete einfärben.

Mr. Carving

Es können alle harten Gemüse – wie zum Beispiel Rettich, Kürbis, Rote Bete oder Karotten – verwendet werden.
Einfach Gemüsestengel zuschneiden, damit sie in den Spitzer passen!

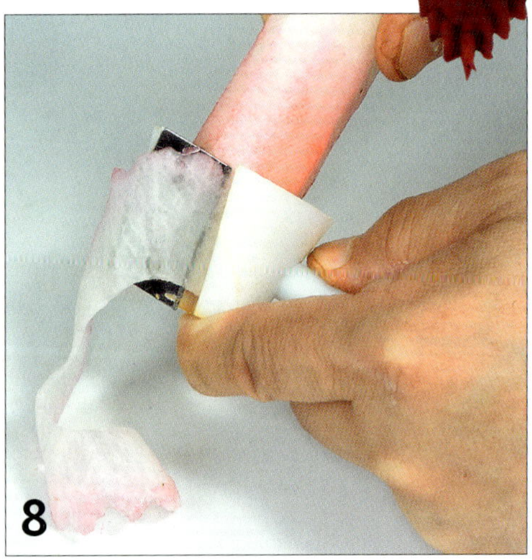

8

Gemüsestengel wie unter Schritt 3 beschrieben spitzen.

Heuschrecke

Begeistern Sie Ihre Kinder mit lustigen Heuschrecken! Die bitteren Enden der Gurken können dabei erst noch sinnvoll verwendet werden.

Werkzeug und Material: Messer, V-Meissel, Holzstäbe (oder Crevetten-Fühler und -Beine), Pfefferkörner

Von der spitzen Seite einer Gurke ein etwa 8 cm langes Stück abschneiden.

Zum Andeuten der Kopfform von der Spitze seitlich 2 Teile wegschneiden.

An der Unterseite einen Keil wegschneiden.

Quer über die ungeschälte Oberseite mit dem V-Meissel eine Rille ziehen, um das Kopfende anzudeuten.

Mit dem V-Meissel auf der ungeschälten Oberseite weitere Rillen ziehen, um die Flügel hervorzuheben.

Mit dem Messer die Schale bis zu den äusseren Flügelrillen abschneiden. Dabei hinten in der Mitte eine kleine Spitze grün stehen lassen für den Schwanz. Den Körper durch feines Abschälen mit dem Messer formen.

Mit dem V-Meissel Rillen ziehen, um den Schwanzeffekt zu betonen.

Pfefferkörner für die Augen einsetzen. Ein Holzstäbchen fein zertrennen und die Späne für Beine und Fühler benutzen.

Mr. Carving

Wenn Sie das nächste Mal frische Crevetten zum Kochen benutzen, können Sie deren Beine und Fühler tiefkühlen und für zukünftige Heuschrecken verwenden!

Karotten-Zelosie

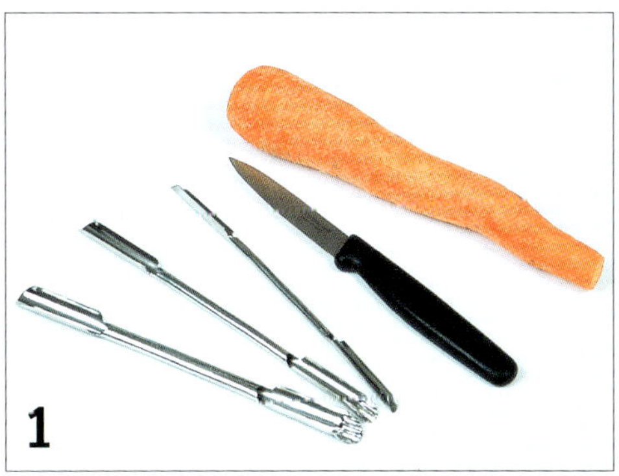

1

Werkzeug: Messer, V-Meissel, gerillter Meissel

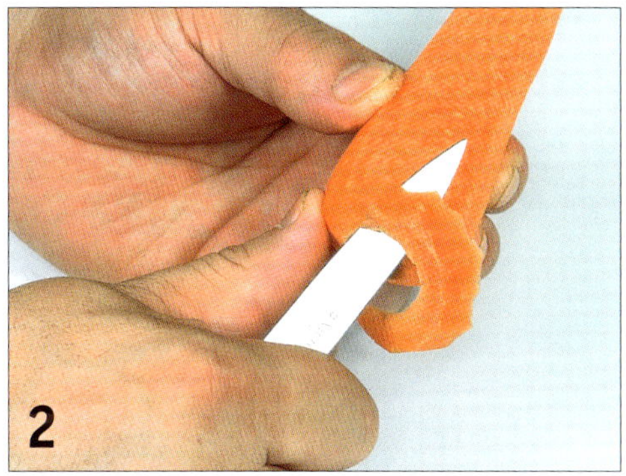

2

Karotte schälen. Das untere, dicke Karottenende mit dem Messer rundherum abgeschrägt abschneiden, so dass rund um die Karotte eine Kante entsteht.

3

Der Kante entlang ca. 4 mm tief einschneiden.

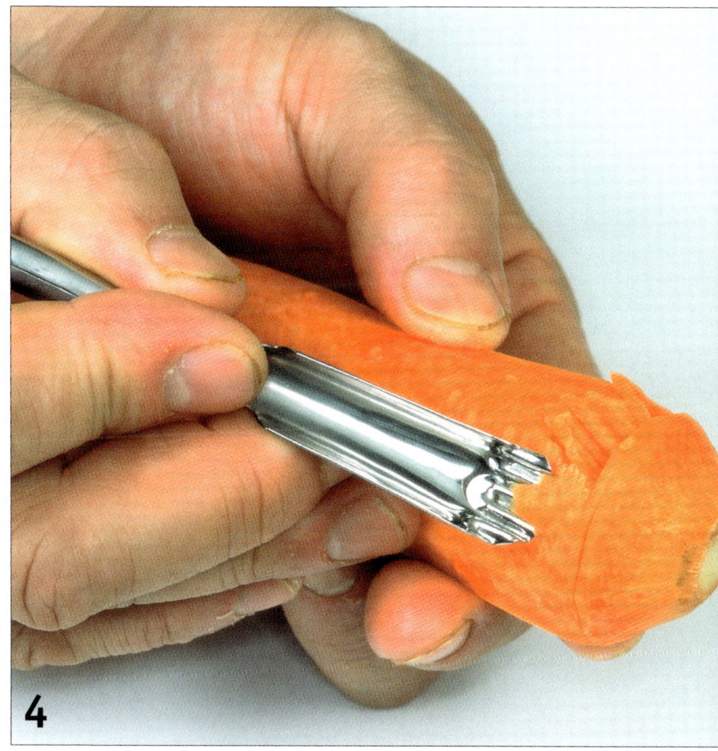

4

Mit dem grössten gerillten Meissel ca. 1,5 cm oberhalb der Einschnittsrille schräg in die Karotte einstechen, immer in Richtung Einschnittsrille. Das Fleisch auslösen.
Diesen Schritt wiederholen, bis rund um die Karotte ein Kranz entsteht.

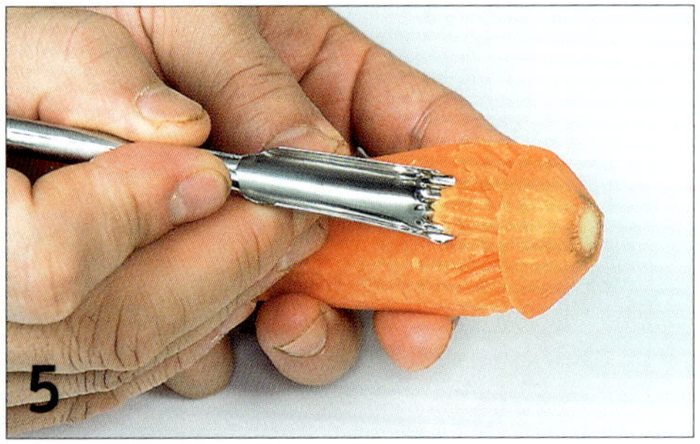

Mit dem gleichen Meissel etwas zurückversetzt parallel dahinter einstechen.

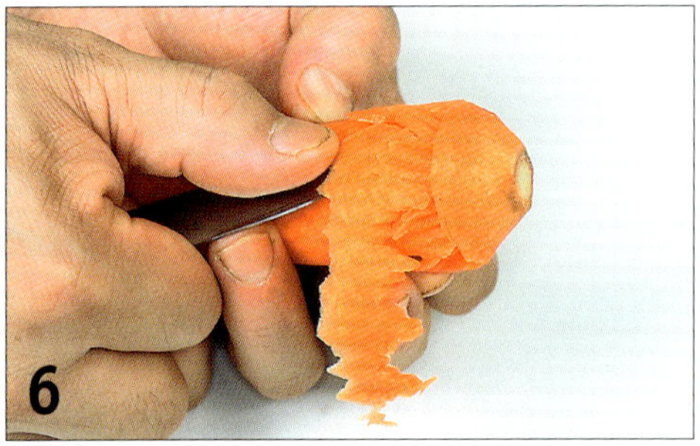

Die Rillung darunter mit dem Messer grosszügig abschneiden, um die Blütenblätter freizustellen.

Nach Vollendung eines Drittels der Karotte zum kleineren gerillten Meissel wechseln. Ein weiteres Drittel mit diesem Meissel schnitzen.

Versetzt zum vorhergehenden Blütenkranz Schritte 4–6 wiederholen. Beim Wegschneiden immer flacher werden.

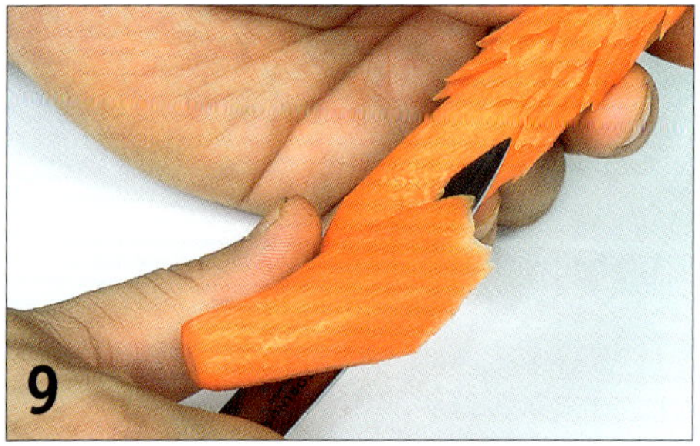

Mit dem Küchenmesser die Karotte oben spitzig zuschneiden.

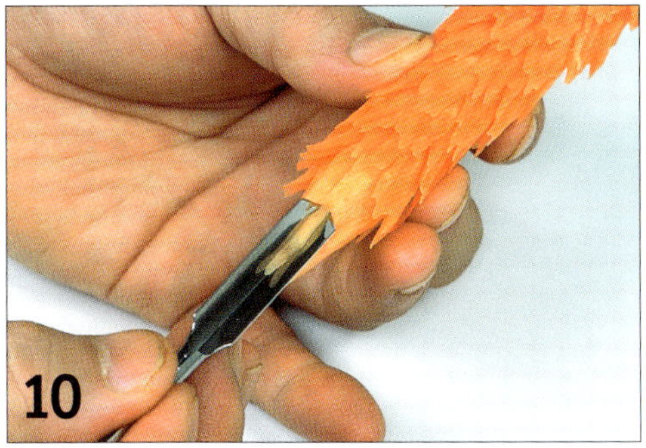

Mit dem V-Meissel von der Spitze her bis unter die erste Blütenreihe Rillen schnitzen.

Karotte

Sellerie-Winteraster

Werkzeug: Messer, V-Meissel, runder Meissel

Vom unteren Teil eines Stangenselleries ein ca. 13 cm langes Stück abschneiden.

Wurzel sorgfältig säubern. Darauf achten, dass das Selleriestück kompakt bleibt. Unsaubere äussere Stengel sorgfältig ablösen.

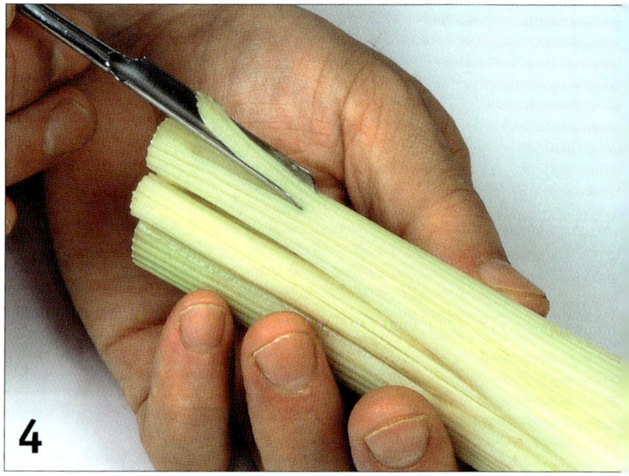

Den mittleren Rundmeissel in der Mitte des äussersten Stengels ansetzen und von oben nach unten, bis ca. 1 cm vor Stengelende, schnitzen. Die Rippe muss oben fein sein, nach unten jedoch dicker und tiefer werden.

Links und rechts der Mittelrippe aus dem gleichen Stengel noch ca. 4 bis 5 weitere Rippen schnitzen. Die Resten des Stengels sorgfältig von Hand herausziehen.

Beim nächsten Stengel beginnen und obige Schritte wiederholen. Die Blume oben gut festhalten, damit die geschnitzten Blätter nicht abbrechen.

Die Stengel werden nach innen schmäler, sodass nur noch 2 bis 3 Rippen pro Stengel geschnitzt werden können. So viele Rippen wie möglich aus den innersten dünnen Stengeln schnitzen.

Blume umdrehen, unten halten und alle nicht geschnitzten Resten sorgfältig herausziehen.

Mr. Carving

Die Blume ist ideal. Sie kann vorbereitet und wieder ins kalte Wasser gelegt werden, wo sie sich rasch erholt und wieder wie frisch geschnitzt aussieht!

Sellerieblume ins kalte Wasser legen.
Die Blätter werden fest und ringeln sich.

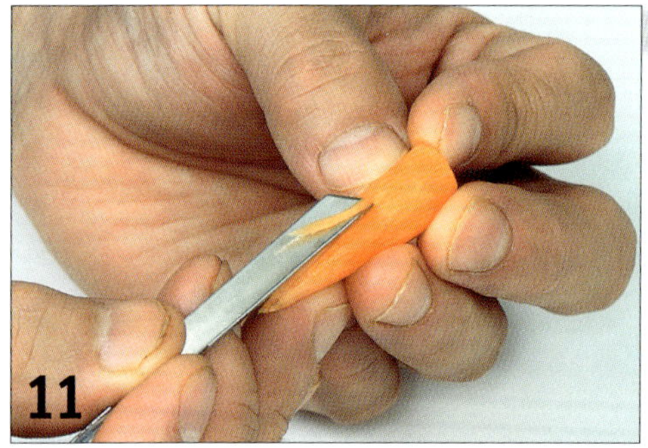

Mit dem V-Meissel von der Spitze her Längsrillen einschnitzen.

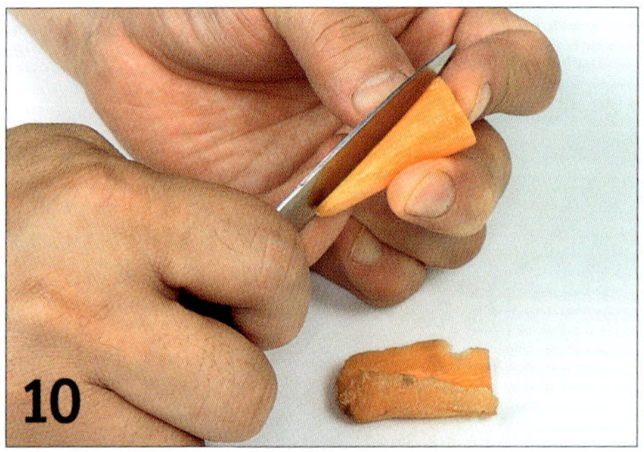

Etwa 5 cm von der Spitze einer Karotte abschneiden. Durch Schälen zuspitzen.

Zahnstocher in den fertigen Stempel stecken und an der Blume befestigen.

Lauch-Palme

Werkzeug: Messer

Mr. Carving

Der Lauchbaum eignet sich hervorragend für Schaustücke. Die kräftigen grünen Lauchresten, die nicht zum Essen geeignet sind, geben jedem Schaustück Fülle und Farbe.

Vom Lauch den unteren, weissen Teil wegschneiden. Dieser kann zum Kochen oder für eine Lauchblume verwendet werden.

Die Blätter falten und so jeweils gleichzeitig beide Blattränder eines Blattes mit dem Messer in Zacken schneiden.
Blattende spitzig zuschneiden.

Lauch

Blätter dem Falz entlang von innen zur Spitze halbieren.

Zucchini-Ringelblume

Mr. Carving

Die Zucchini oder Zucchetti eignet sich sowohl wegen ihres weichen Fruchtfleisches als auch wegen des günstigen Preises während der Saison hervorragend zum Üben.

1

Werkzeug: Messer, runder Meissel, V-Meissel, gerillter Meissel

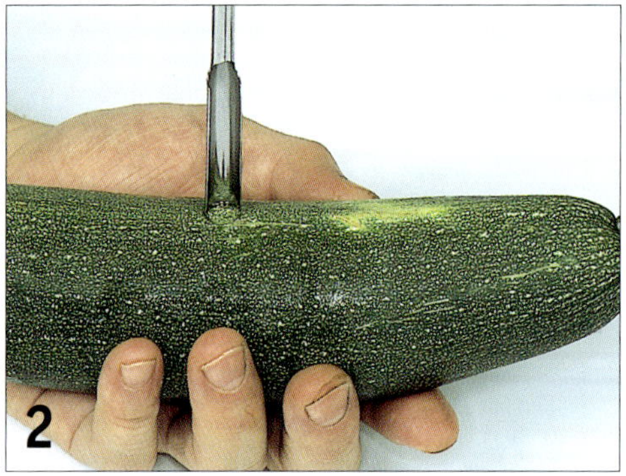

Mit dem mittleren Rundmeissel in der Mitte der Zucchini einen Kreis stechen.

Mit dem kleinsten Rundmeissel rund um den äusseren Kreis Blütenblätter schnitzen. Dabei den etwa 2 mm breiten Schalenring zwischen dem äusseren und dem inneren Kreis stehen lassen.

Mit dem mittleren Rundmeissel zurückversetzt hinter jedem Blütenblatt einstechen.

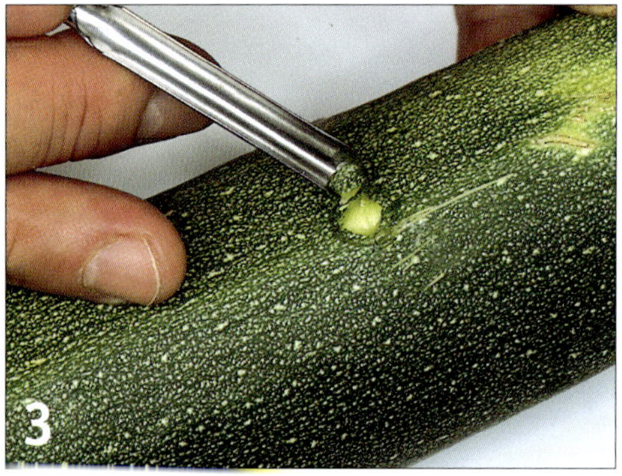

Mit dem kleinsten Rundmeissel im Kreis einen weiteren Kreis stechen und diesen in einer dünnen Schicht herauslösen.

Mit dem kleineren gerillten Meissel versetzt zum ersten Blütenkranz einen weiteren Kranz schnitzen und mit dem gleichen Meissel wiederum hinter jeder Blüte einstechen. Anschliessend versetzt dazu einen weiteren Kranz schnitzen.

Mit dem grösseren gerillten Meissel Schritt 6 wiederholen.

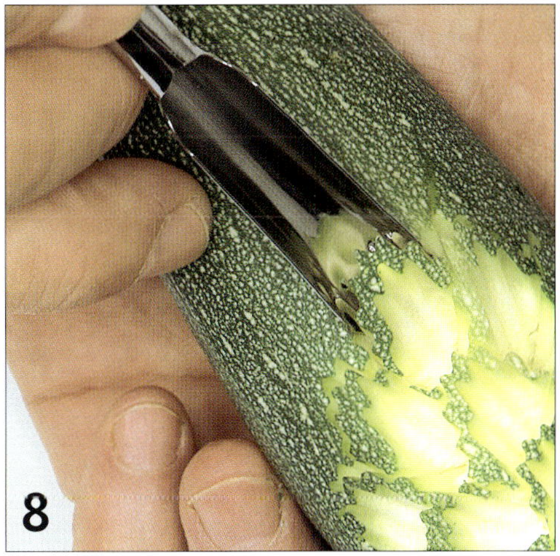

Beim letzten Blütenkranz längliche Blüten schnitzen, das heisst den Abstand zwischen dem Einstich und dem vorherigen Blütenkranz vergrössern.

Mit dem Messer ca. 2 cm vom letzten Blütenkranz entfernt die Schale grosszügig abschneiden, um die Blüte freizustellen. Gleichmässigkeit der Form kontrollieren.

Mit dem V-Meissel von der äussersten Schnittkante her zur Blüte hin feine Rillen ziehen.

Falls Ihnen eine Blüte abbrechen sollte, kein Problem: Schneiden Sie die Blume vor der fehlerhaften Stelle ab und verwenden Sie sie als Teller- oder Plattendekoration!

11

Zucchini

Gurken-Krokus

Es gibt wohl keine sinnvollere Art, den bitteren und somit nicht essbaren Teil eines Gemüses zu verwenden, als ihn in eine Blume zu verwandeln!

Werkzeug: Messer, V-Meissel

Bei einer Gurke und einer Karotte jeweils die Spitze abschneiden.

Mit dem V-Meissel 5 mm unterhalb des Randes des Gurkenabschnittes Blütenblätter einschnitzen. Oben dünn anfangen und nach unten dicker werden. Gleichmässig rund um das Gurkenstück verteilt schnitzen.

4

Das obere Drittel des Gurkenstücks wegschneiden.

5

Mit dem Messer die verbleibende Schale oberhalb des Blütenblätterkranzes abschälen. Anschliessend die Kante abrunden.

6

Mit dem V-Meissel von oben nach unten rund um das Mittelstück einen weiteren Blütenkranz schnitzen, wobei jeweils gegen unten der Meissel steiler geführt werden muss.

Das verbleibende Mittelstück sorgfältig wegdrehen.

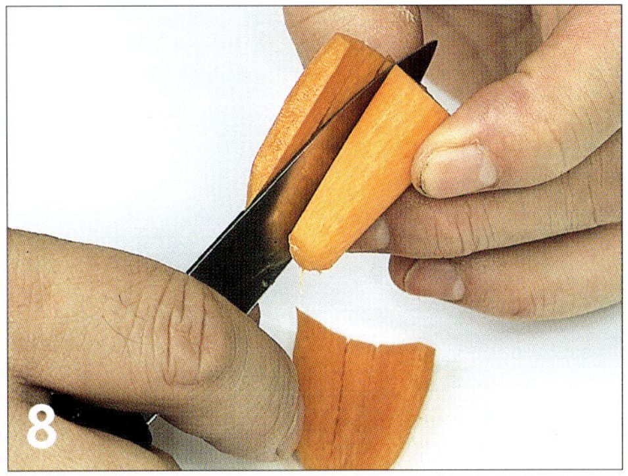

Das Karottenstück mit dem Messer spitzig zuschneiden.

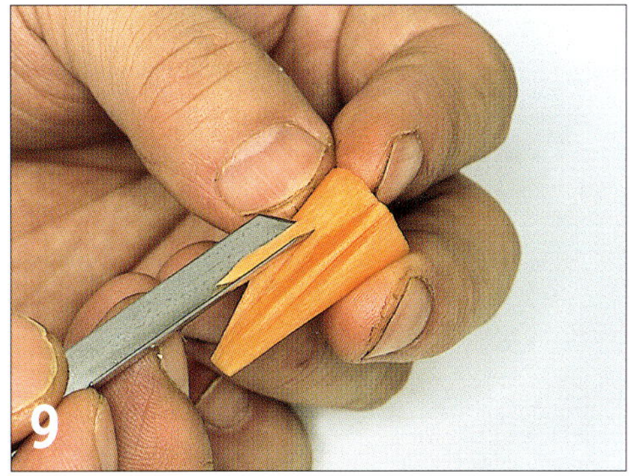

Mit dem V-Meissel von der Spitze her rundherum Längsrillen schnitzen.

Gurke

Den Karottenstempel mit einem Zahnstocher in der Mitte der Gurkenblüte befestigen.

Mr. Carving
Fortgeschrittene können diese Blumen mit bis zu 5 Blütenreihen schnitzen (siehe Bild 11)!

Kohlrabi-Gardenie

1

Werkzeug: Gerillter Meissel, V-Meissel, runder Meissel, Messer, blumenförmige Ausstecher, Zahnstocher

2

Von der Oberseite eines Kohlrabi ca. 1 cm dicke Tranchen abschneiden.

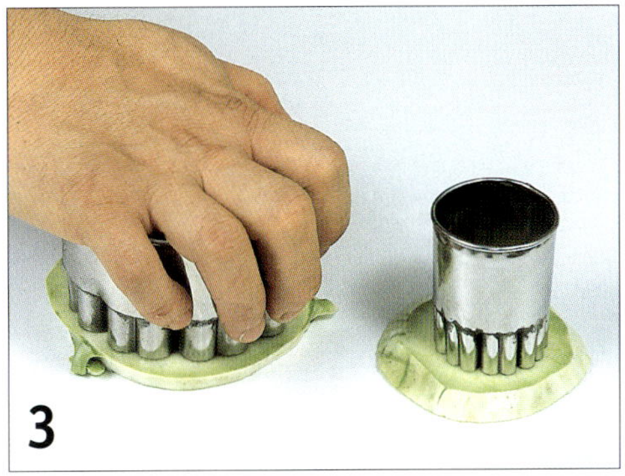

3

Mit den blumenförmigen Ausstechern ausstechen. Falls keine Ausstecher vorhanden sind, kann mit einem Scherenschnitt eine Vorlage erstellt und mit dem Messer nachgeschnitten werden.

4

Wenn die Zeit einmal knapp ist, kann auf diese Weise auch ohne Schnitzen eine schmucke Blumendekoration herbeigezaubert werden.

5

Mit dem grössten Rundmeissel in der Mitte einen Kreis stechen.

7

Bei der kleineren Blüte mit dem kleineren gerillten Meissel vom äusseren Blütenrand her jeweils in der Blütenblattmitte nach innen bis zum Kreisrand schnitzen.

Mr. Carving

Diese Blumen lassen sich auch ohne weiteres aus Käse, Schinken, Terrine, Marzipan oder Schokolade herstellen. Probieren Sie es!

6

Mit dem mittleren Rundmeissel innerhalb des Kreises einen weiteren Kreis stechen und diesen anschliessend sorgfältig lösen.

8

Bei der grösseren Blüte den grösseren Meissel benützen und pro Blütenblatt jeweils 2 Mal nebeneinander von aussen nach innen schnitzen.

Kohlrabi

Aus kontrastfarbigem Gemüse mit dem kleinsten Rundmeissel einen Kreis ausstechen.

Blumen mit Zahnstocher oder Gemüseleim aufeinander befestigen. Stempel in der Mitte befestigen.

Gurkenblatt

Blätter sind als Dekoration praktisch für jedes Schaustück geeignet und geben ihm den nötigen Pfiff. Aber auch alleine sind Blätter sehr beliebte Tellerdekorationen!

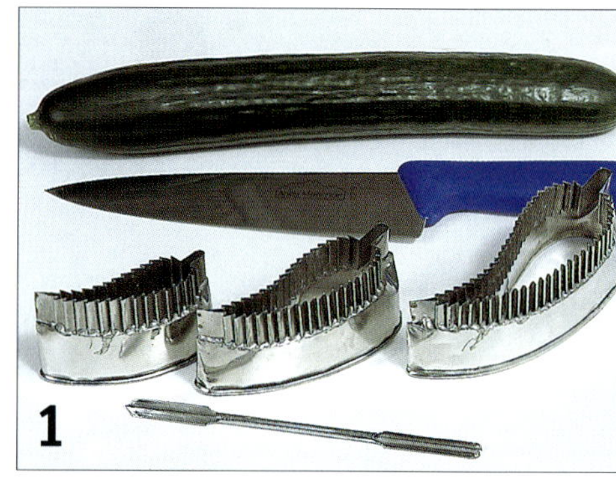

Werkzeug: Messer, V-Meissel, Ausstecher

Gurke je nach gewünschter Blattlänge teilen.

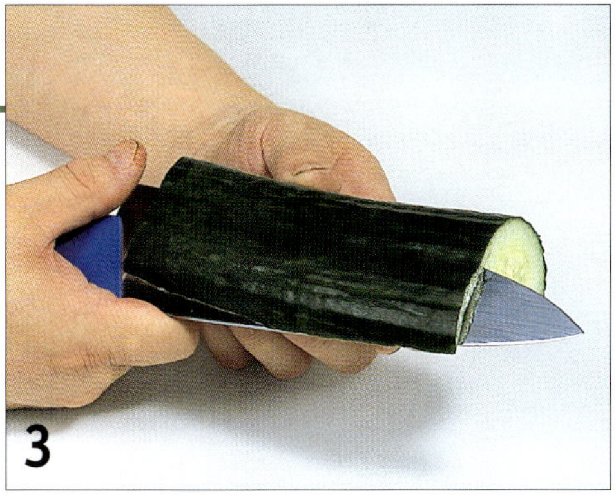

3

Die Schale mit dem Messer gleichmässig und in einem Stück abtrennen. Mit der Dicke variieren, je nachdem, ob die Blätter dunkel- oder hellgrün werden sollen (siehe Schritt 5).

4

Das Blatt mit einem Ausstecher aus dem Schalenstück ausstechen. Wenn keine Ausstecher vorhanden sind, einfach ein richtiges Blatt auf das Schalenstück legen und die Form mit dem Messer nachschneiden.

5

Um dunkelgrüne Blätter zu erhalten, muss die Schale dünn abgeschnitten werden. Sollen die Blätter hellgrün werden, muss die Schale dicker abgeschnitten werden, so dass sie noch mit einer Schicht hellgrünem Gurkenfleisch behaftet bleibt.

6

Mit dem Messer auf der Blattrückseite in der Mitte 2 Längslinien einritzen, um die Mittelrippe zu gestalten.

7

Mit dem V-Meissel die Blattadern vom Schalenrand zur Mittelrippe hin schnitzen und weglösen.

Gurke

Auf der dunklen Blattseite mit dem Messer vorsichtig 2 Linien als Mittelrippe einritzen.

Mit dem Messer leicht ovale Blattadern einschneiden und weglösen. Dabei immer von der Mittelrippe her arbeiten.

Mr. Carving

Die Blätter-Ausstecher sparen viel Zeit. Und sollten Sie einmal in akuter Zeitnot sein: Die ausgestochenen Blätter sehen auch ohne Blattadern sehr dekorativ aus (siehe Bild 5)!

Ente

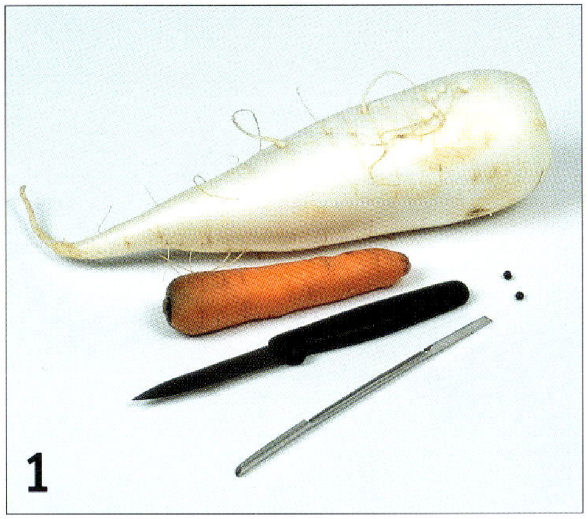

Werkzeug und Material: Messer, V-Meissel, runder Meissel, Pfefferkörner

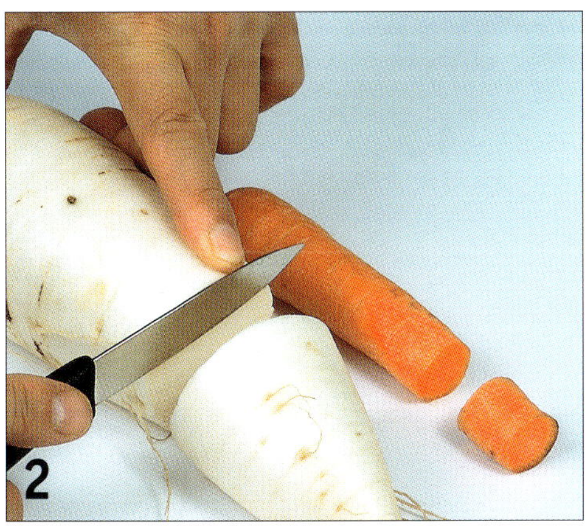

Wenn möglich einen dicken kurzen Rettich verwenden. Vom hinteren dicken Teil des Rettichs eine Handlänge abmessen und die Spitze abschneiden.
Von einer Karotte ein ca. 2 cm langes Stück abschneiden.

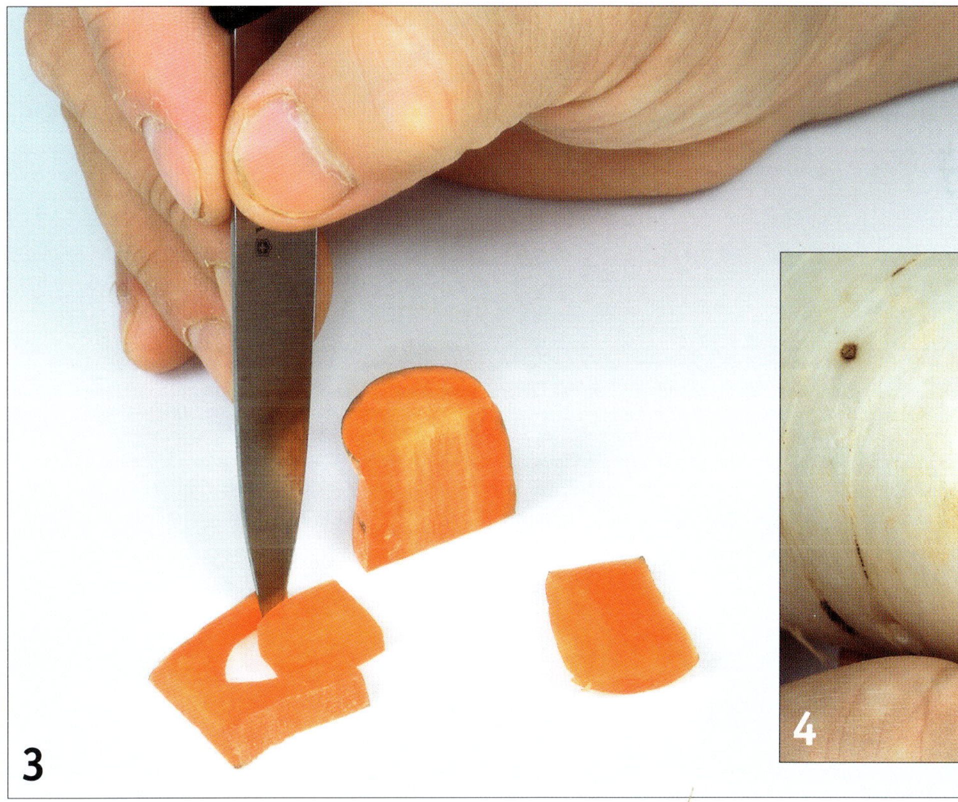

Karottenstück senkrecht stellen, 2 flache Stücke abschneiden. Aus dem mittleren Stück den Schnabel herausschneiden.

Auf der Schnittseite des Rettichs nicht weit unterhalb des Randes eine kleine Vertiefung in der Grösse des Schnabels einkerben. Schnabel mit Klebstoff oder Zahnstocher in der Kerbe befestigen.

Mit 3 Schnitten die Kopfform grob zuschneiden.

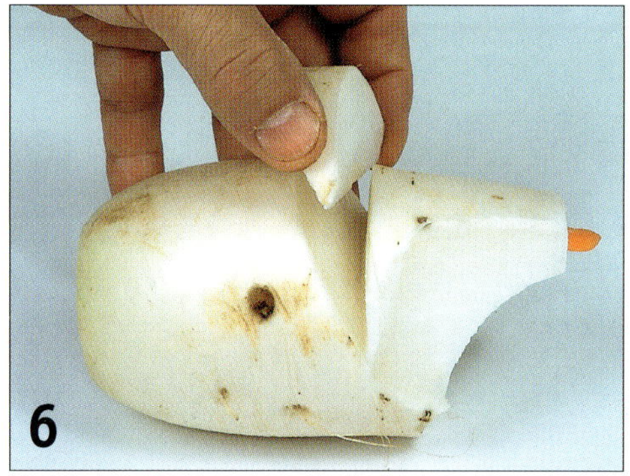

An der Oberseite auf Nackenhöhe einen Keil herausschneiden.

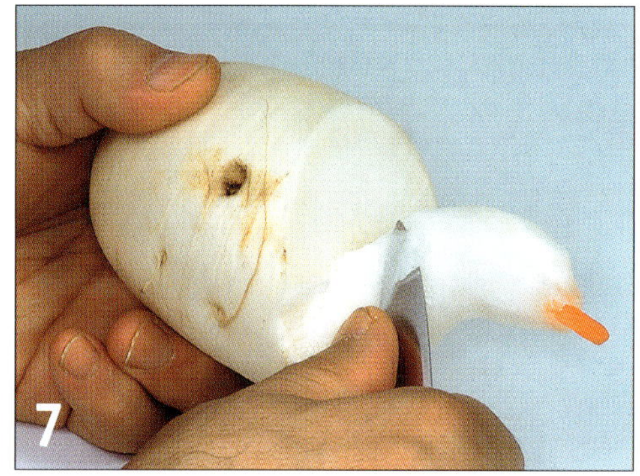

Die angedeutete Kopfform durch feines Abschälen ausarbeiten.

Mr. Carving

Um die richtige Form zu finden, ist es wichtig, vorsichtig und dünn abzuschälen. Denn was zu viel abgeschnitten wird, kann nicht mehr korrigiert werden!

Durch 3 Schnitte die grobe Körperform andeuten. Anschliessend wiederum durch vorsichtiges Abschälen die endgültige Form suchen.

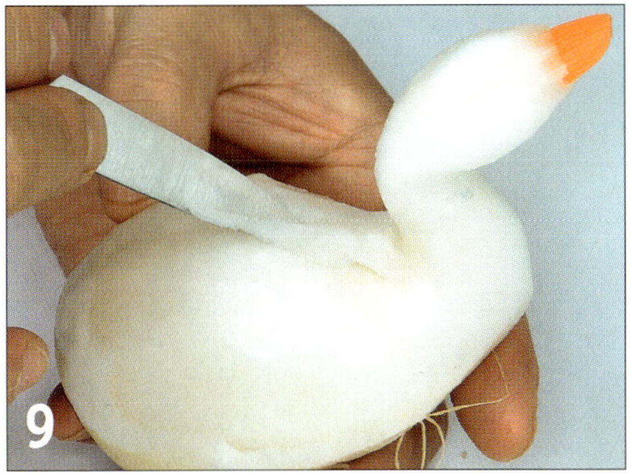

9

Unterhalb des Nackens in der Mitte einen kleinen Keil herausschneiden, um den Flügelansatz anzudeuten.

Mit dem Messer die äusseren Flügelränder einritzen. Wenn die endgültige Form gefunden ist, unterhalb der Flügelränder das Fleisch bis zu 2 cm tief wegschneiden, um die Flügel freizustellen.

10

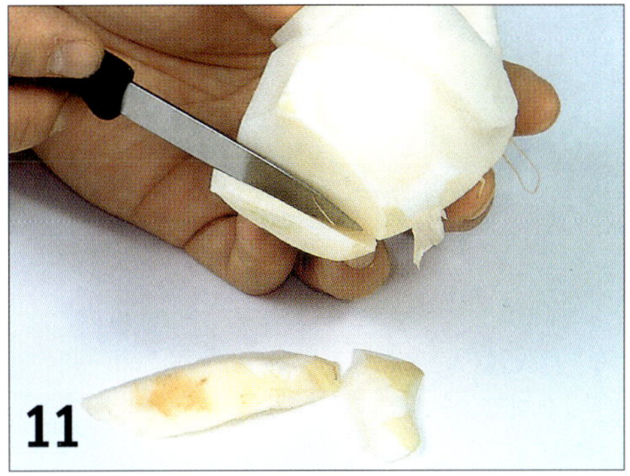

11

Hinten wiederum mit 3 Schnitten die Schwanzform andeuten und anschliessend fein abschälen bis hin zur endgültigen Form.

12

Unten mit einem flachen Schnitt die Sitzfläche bestimmen. Die Körperform kontrollieren und verbessern.

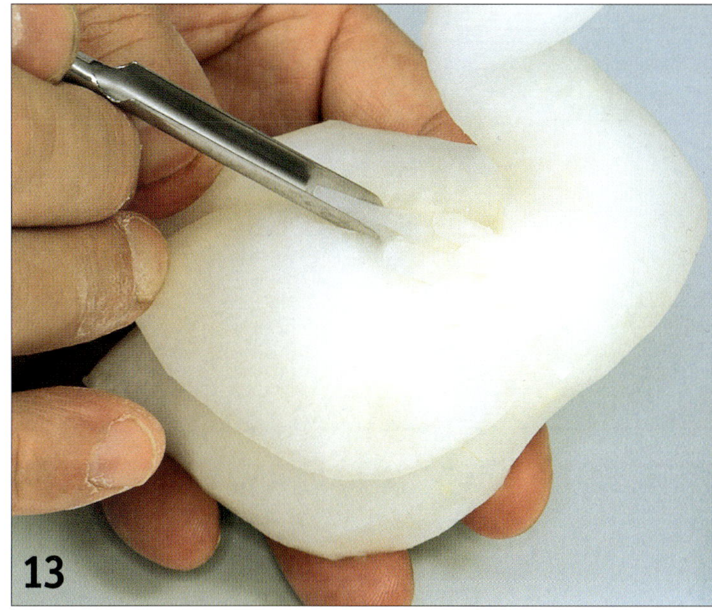

13

Mit dem kleinsten Rundmeissel im Winkel von 45° auf den Flügeln eine Reihe Federn schnitzen. Unterhalb des Nackens beim Flügelansatz beginnen.

14

Rillung mit dem Messer wegschneiden.
Für die weiteren Federreihen Schritte 12 und 13 wiederholen. Dabei immer versetzt einkerben.

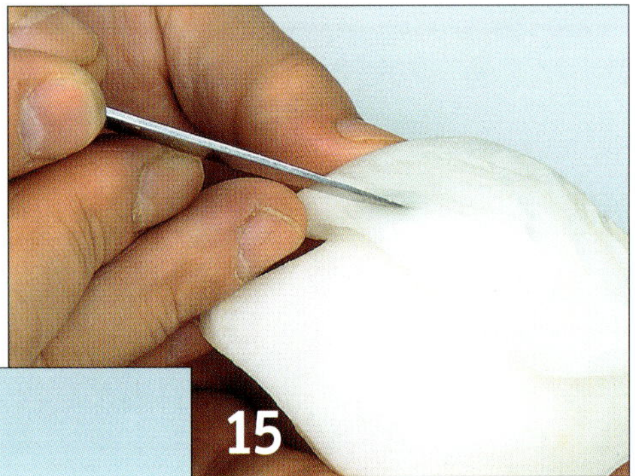

15

In der Hälfte des Flügels mit den Schwingfedern beginnen. Dabei die Federn keilartig mit dem Messer herausschneiden.

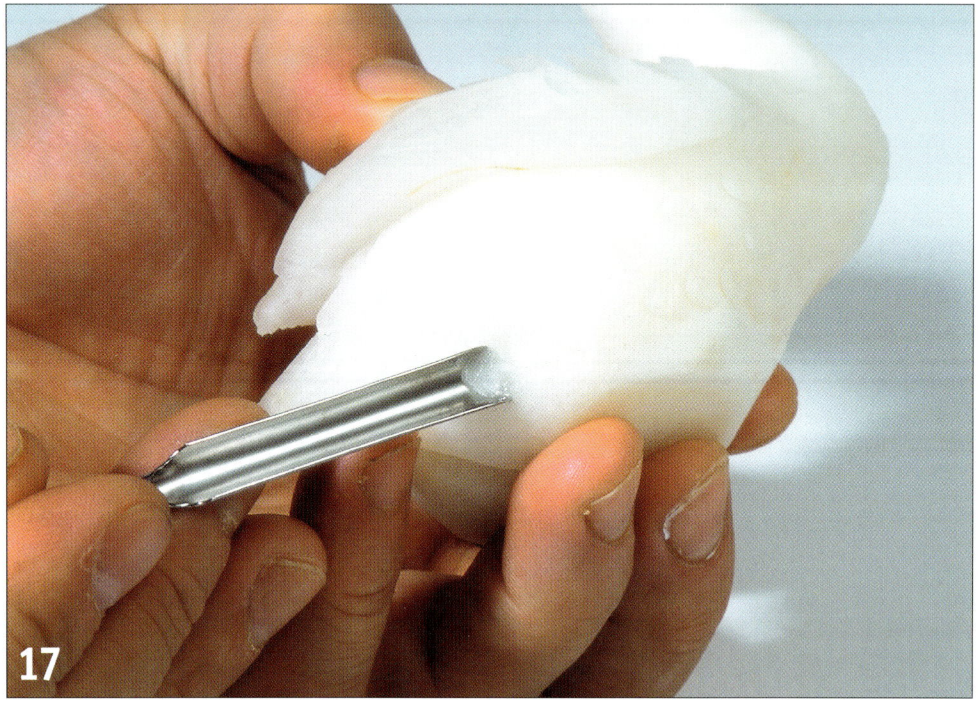

17

Mit dem Rundmeissel unterhalb der Flügel versetzt und im Abstand von ca. 0,5 cm leicht einstechen (schuppenartig).

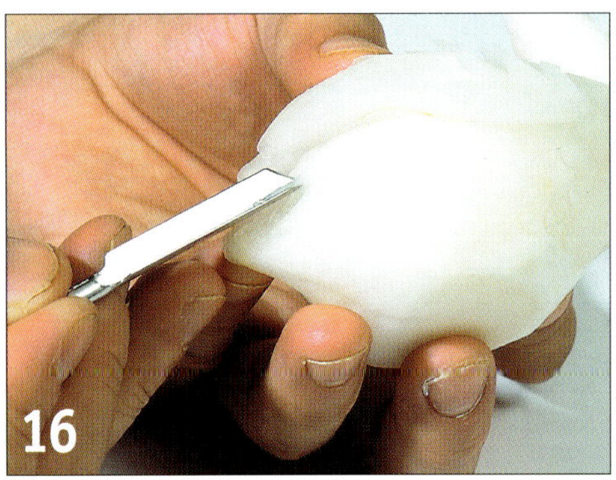

16

Mit dem V-Meissel am Schwanzende feine Rillen schnitzen, um den Schwanz zu betonen.

18

Ein 3 cm langes Stück einer Karotte abschneiden und senkrecht aufstellen. Auf beiden Seiten 2 flache Stücke abschneiden.

19

Für die Füsse die grösseren flachen Stücke dreieckig schneiden. Mit dem Messer die Fussform einritzen, sorgfältig lösen.
Mit dem Rundmeissel vorne die Schwimmhäute runden.

Ente zusammensetzen. Füsse mit Gemüseleim oder Zahnstocher befestigen.

Mr. Carving

Gleich drei dekorative Vögel, nämlich Kakadu, Huhn und Pfau, finden Sie im grossen Lehrbuch der Gemüse- und Früchteschnitzerei von Wang Xiang, ebenfalls mit Schritt-für-Schritt-Anleitungen!

Kürbis-Aster

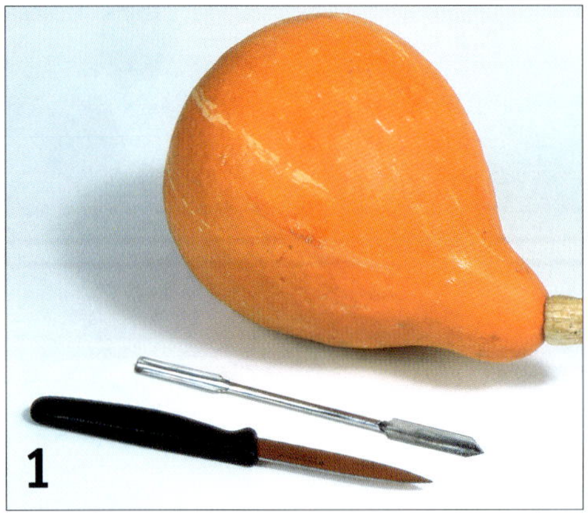

Werkzeug: Messer, V-Meissel, runder Meissel

Auf halber Höhe der Seitenfläche eines Kürbisses einen runden «Deckel» wegschneiden. Die kreisförmige Schnittfläche gegen die Mitte hin etwas vertiefen.

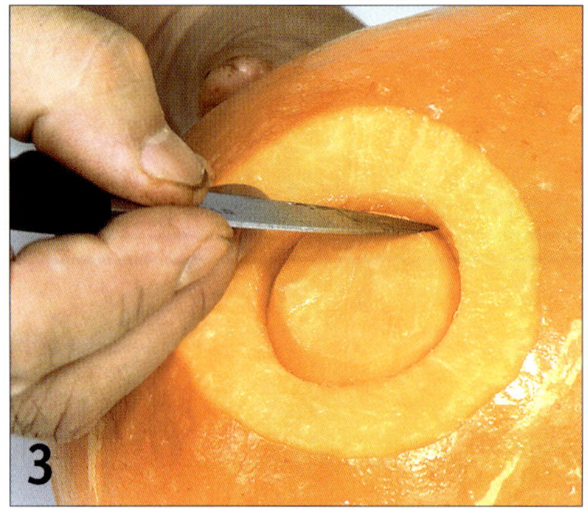

In der Mitte des Kreises mit dem Messer einen weiteren Kreis einritzen. Die Schnittkante dieses inneren Kreises gegen innen abschrägen (Facette).

Mit dem kleinen Rundmeissel dem inneren Rand des kleinen Kreises entlang einstechen. Dabei die Rundung des Meissels immer zum Kreiszentrum hin gerichtet halten. Unter dem Blütenkranz mit dem Messer das Kürbisfleisch schräg wegschneiden, um die dünnen Blüten freizustellen.

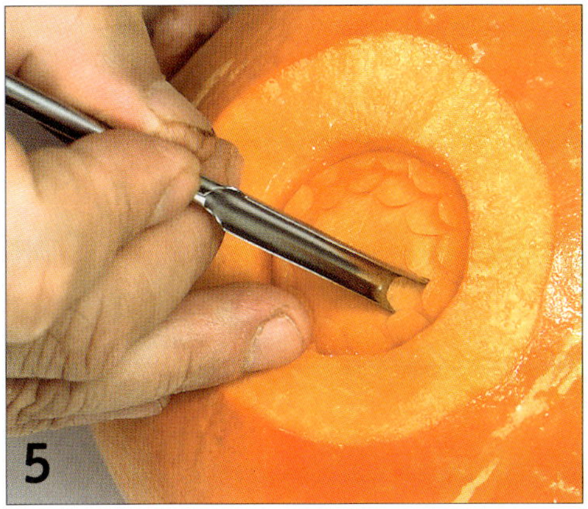

Versetzt zum ersten Blütenkranz auf dieselbe Weise einen zweiten schnitzen und darunter das Kürbisfleisch wieder mit dem Messer schräg wegschneiden. Bis hin zur Blütenmitte so arbeiten.

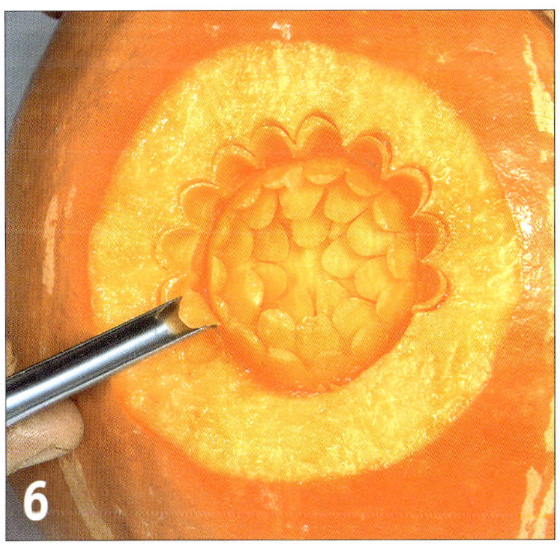

Mit dem Rundmeissel der äusseren Blütenkante entlang einen Kranz schnitzen und die Rundung des Meissels dabei immer nach aussen gerichtet halten. Das ausgestochene Kürbisfleisch entfernen.

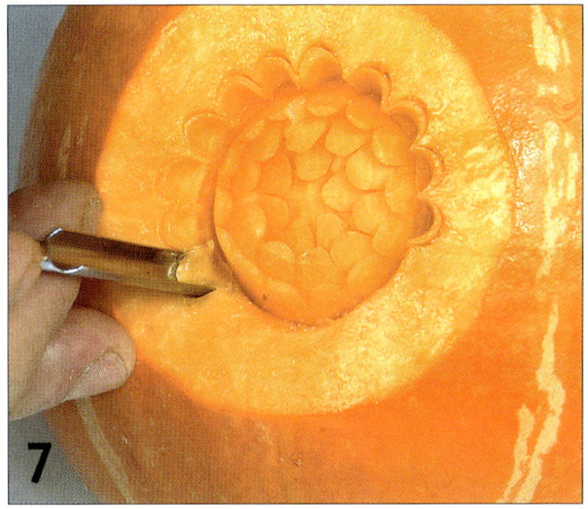

Etwas zurückversetzt parallel hinter jeder Blüte einstechen. Mit dem Messer das Kürbisfleisch hinter dem Kranz dünn wegschneiden, um die Blüten freizustellen.

Mit dem Rundmeissel versetzt zum letzten Blütenkranz einen weiteren schnitzen. Dabei den Abstand vom Einstich zum vorherigen Kranz vergrössern und flacher einstechen, so dass längliche Blüten entstehen. Wiederum parallel hinter jeder Blüte einstechen und das Fleisch hinter den Blüten anschliessend mit dem Messer flach wegschneiden.

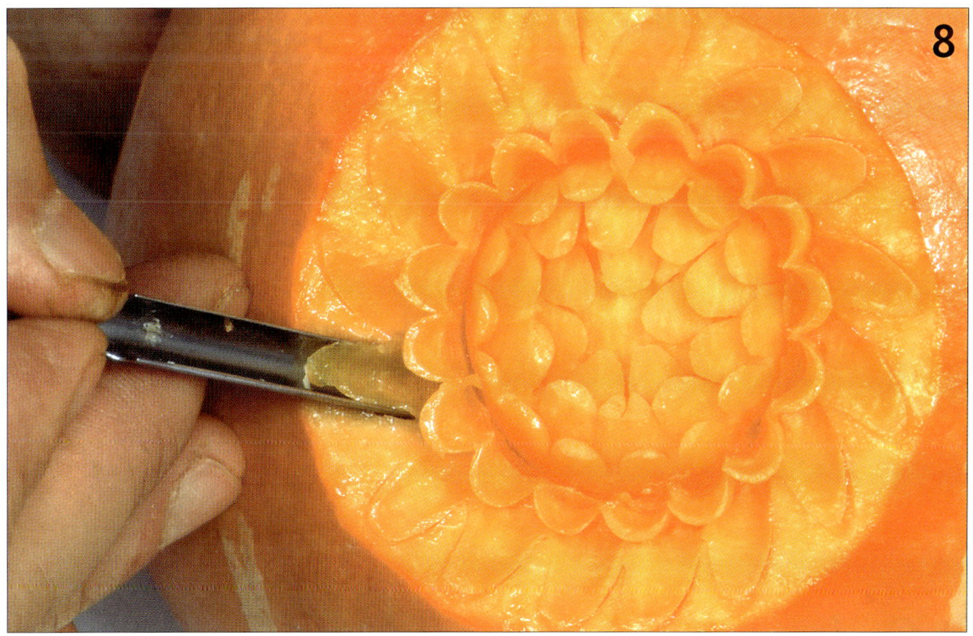

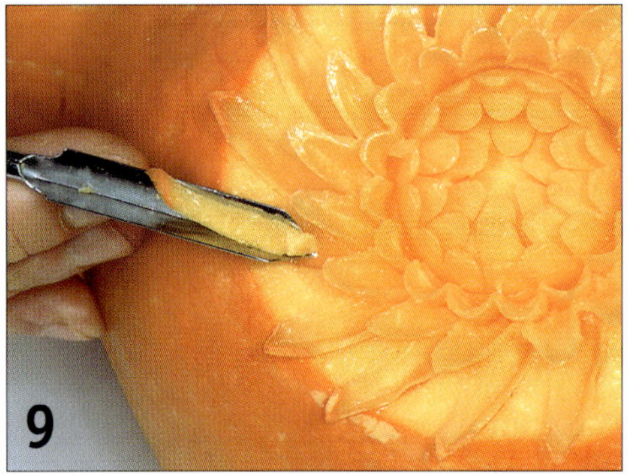

Mit dem V-Meissel leicht schräg (windradartig) im ungeschälten Teil des Kürbisses beginnend einstechen und das Fleisch auslösen. Anschliessend wieder parallel dahinter einstechen, um Blütenblätter zu bilden. Das Fleisch unterhalb des Blütenkranzes mit dem Messer flach wegschneiden.

Mit dem Messer Schale und Fleisch in einem gleichmässigen runden Kreis entlang des letzten Blütenkranzes abschneiden.

Schritt 9 wiederholen, dabei versetzt einstechen.

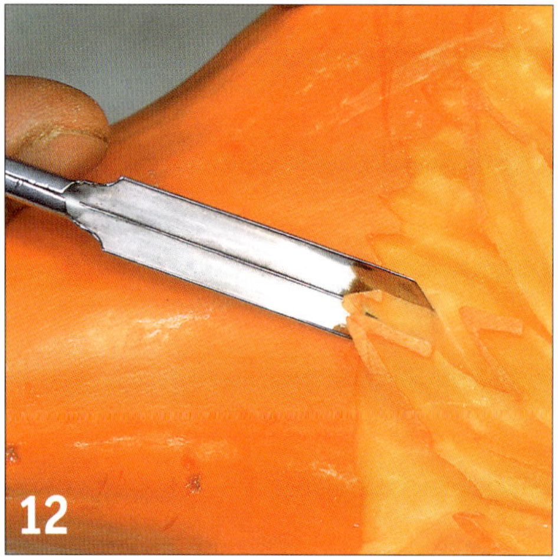

Als Abschluss vom Kreisrand her bis unter die letzte Blütenreihe mit dem V-Meissel Rillen schnitzen. Dabei wiederum in der ungeschälten Fläche beginnen.

Mr. Carving

Der spezielle Farbeffekt dieser Blume rührt von der dunkleren Schale an den Blütenspitzen her.

Kürbis

Pfirsichkrabbe

Werkzeug: Messer

Pfirsich hinstellen und auf zwei Seiten je etwa ein Drittel abschneiden. Aus den beiden äusseren Stücken lässt sich je eine Krabbe fertigen.

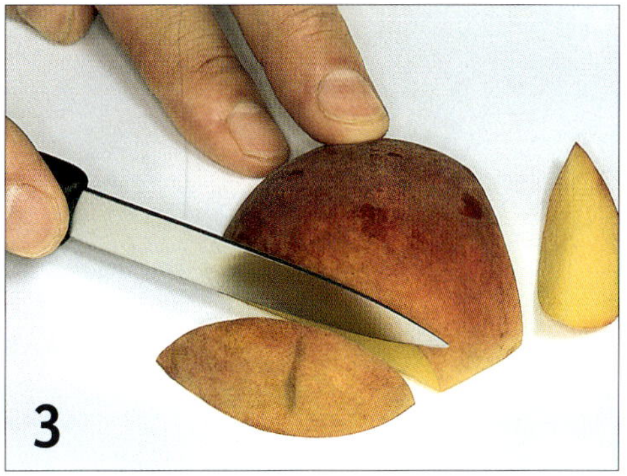

Ein Aussenstück auf die Schnittfläche legen und seitlich schräg nochmals zwei Teile wegschneiden.

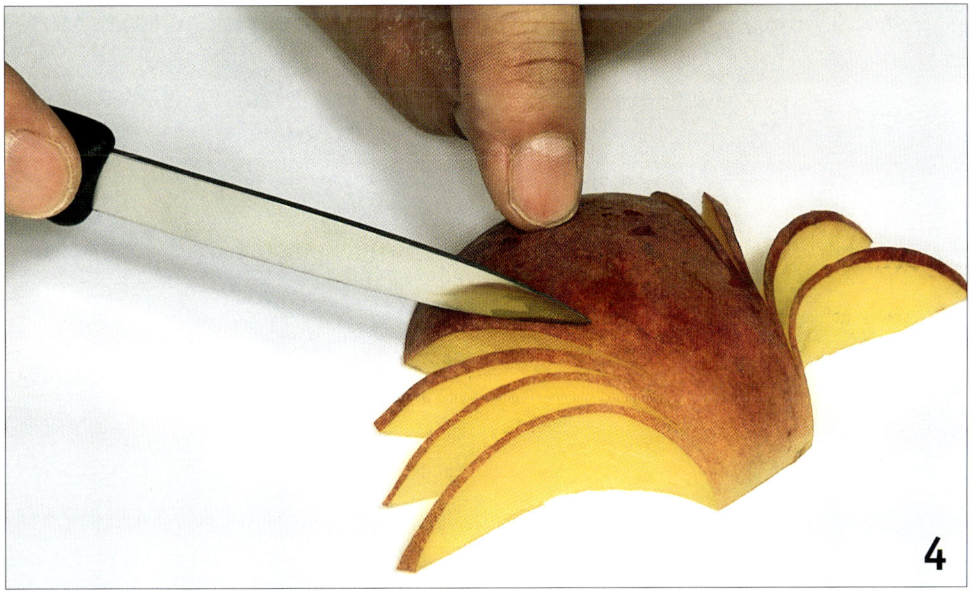

Auf beiden Seiten jeweils 4 Mal fein einschneiden, wobei jedesmal weniger tief eingeschnitten werden muss. Dabei vom schmalen in Richtung breiteres Ende hin arbeiten.

Für die Zangen seitlich vom schmaleren Ende jeweils ein Dreieck und einen dünnen Keil wegschneiden.

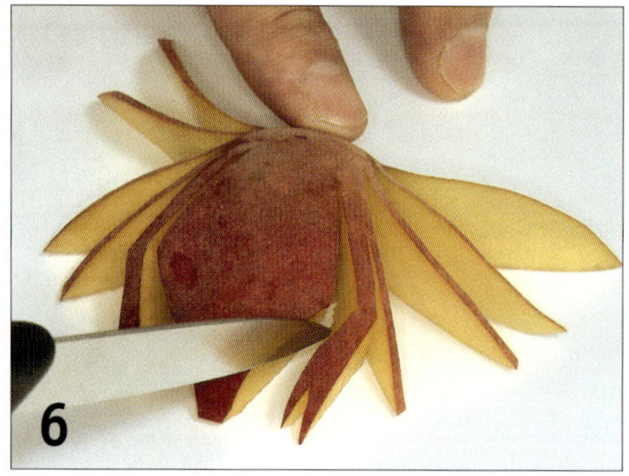

Zangen vorsichtig etwa 2 mm breit dem Körper entlang ausschneiden.

Für den Kopf das schmale Mittelstück halbrund wegschneiden. Vorne am Kopf die Schale so abschälen, dass zwei Augen stehen bleiben.

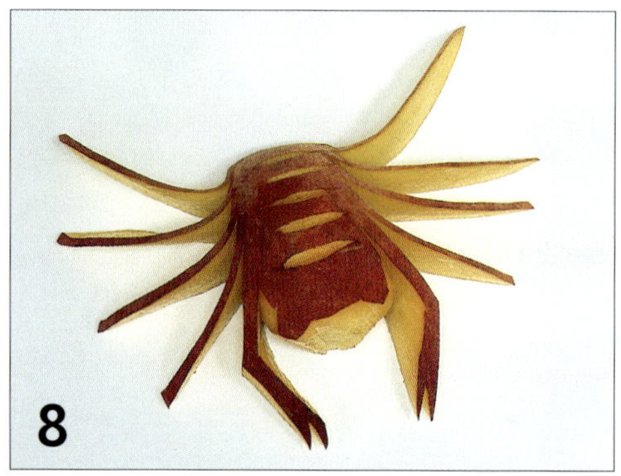

Auf dem Rücken der Krabbe ein paar Querrillen einschneiden.

Mr. Carving

Aus den günstigen Pfirsichen und Pflaumen während der Sommerzeit lässt sich so die ideale Dekoration herstellen. Aber vergessen Sie nicht, die fertigen Krabben mit dem F-Keep-fresh-Spray einzusprühen, denn auch Pflaumen und Pfirsiche werden braun.

Wassermelonenkorb

Werkzeug: Messer, gerillte Meissel, V-Meissel

Mit Zahnstochern ungefähr auf halber Höhe einer Wassermelone die Form eines Korbes abstecken. Mit dem V-Meissel feine Verbindungslinien ziehen.

Das Korbmuster nach Belieben mit dem V-Meissel fein in die Schale einritzen. Zahnstocher entfernen.

Mit dem kleineren gerillten Meissel dem Korbrand entlang so tief einstechen, dass der Meissel das rote Fruchtfleisch gut erreicht. Dabei die Rundseite des Meissels jeweils nach oben gerichtet halten.
Mit dem grösseren gerillten Meissel dem Henkel entlang den gleichen Schritt wiederholen, die Rundung des Meissels dabei nach innen gerichtet halten.

Mr. Carving

Den mit dem Rundmeissel ausgestochenen Teil nicht sofort lösen, damit die Melone kompakt bleibt. Das weitere Schnitzen geht so viel einfacher.

Dem vorher eingeritzten Korbmuster entlang schalentief einschneiden. Grüne ausgeschnittene Schalenstücke vorsichtig herauslösen, so dass das rote Fruchtfleisch sichtbar wird.

Mit dem Messer den vorher eingestochenen Rändern entlang tief nachschneiden. Weggeschnittene Stücke entfernen. Fleisch vom Henkel wegschneiden.

Falls man den Korb ohne Sockel aufstellen möchte, den Boden flach wegschneiden, so dass der Korb steht.
Für den Sockel von einer weiteren Melone einen Hut abschneiden und von diesem nochmals das oberste Stück wegschneiden. Den Korb auf den Sockel stellen, um das Grössenverhältnis zu kontrollieren.

Den oberen Rand des Sockels mit dem Messer nach innen abschrägen, so dass eine möglichst breite weisse Fläche entsteht. Das rote Fruchtfleisch wegschneiden.

Mit dem V-Meissel vom oberen bis zum unteren Sockelrand feine Rillen ziehen.

10

Mit dem Messer Zacken in den unteren Sockelrand schneiden.

11

Den fertigen Korb auf den Sockel stellen und die Form kontrollieren. Möchte man den Korb beispielsweise mit Blumen belegen, kann man ihn mit Fruchtfleisch gefüllt lassen. Das Fruchtfleisch oben flach weg-schneiden.

Korb mit einem grossen Löffel oder Eis-Portionierer aushöhlen.

Mr. Carving

Beim Wassermelonenkorb kann das ganze Fruchtfleisch gegessen werden. Vollkommen ausgehöhlt hält er sich auch länger. Einen sehr dekorativen Schwanenkorb finden Sie im Lehrbuch «Früchte schneiden und schnitzen» von Xiang Wang.

Fachschule

Verwöhnen Sie sich mit einem zwei- oder fünftägigen Ausbildungslehrgang an der Fachschule für Kochartistik! Investieren Sie mindestens zwei Tage, um die Grundtechniken des Gemüse- und Früchteschnitzens richtig zu erlernen. Eliminieren Sie Fehlerquellen von Anfang an. Nehmen Sie sich nicht irgendeinen Lehrer, sondern profitieren Sie vom zweifachen Weltmeister im Früchte- und Gemüseschnitzen, Xiang Wang, und nehmen Sie neben Schaustücken wertvolle Tipps mit nach Hause.

Vergleichen Sie das Früchte- und Gemüseschnitzen mit dem Stricken:
Es ist einfach zu erlernen. Wenn Sie die Grundtechniken beherrschen, können Sie unter Anleitung jegliche Muster bzw. Schaustücke anfertigen.

Neben unserem Top-Lehrer bieten wir Ihnen unvergessliche Tage in Luzern, einer der schönsten Städte der Welt. Unsere Schule ist bequem mit dem Bus in 18 Minuten vom Bahnhof Luzern erreichbar.

Ihr Erfolg ist unser Erfolg!

Unser aktuelles Kursprogramm ist jederzeit abrufbar unter: info@andymannhart.com

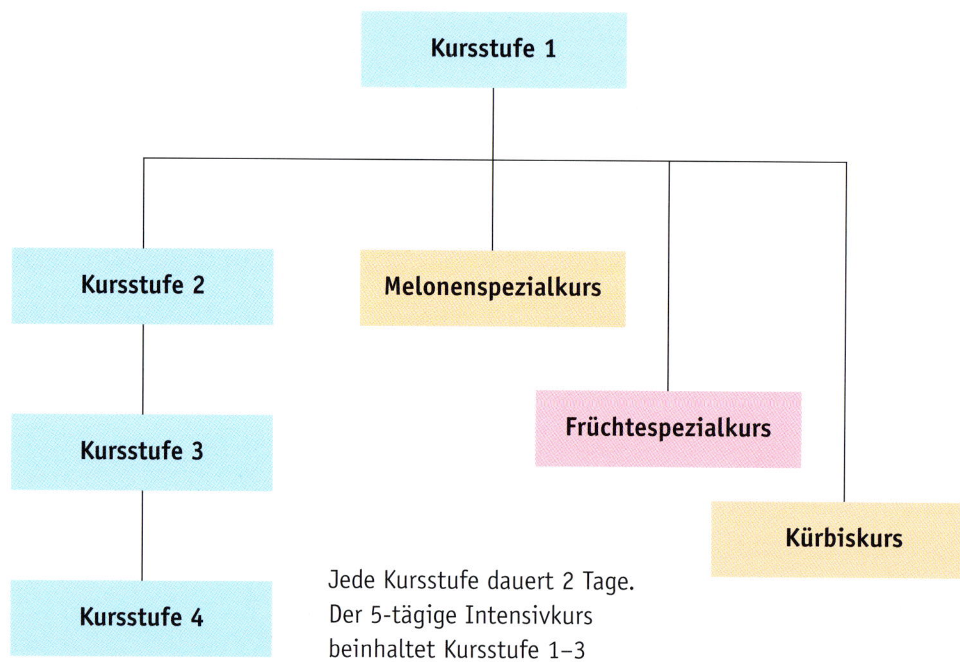

Jede Kursstufe dauert 2 Tage.
Der 5-tägige Intensivkurs beinhaltet Kursstufe 1–3

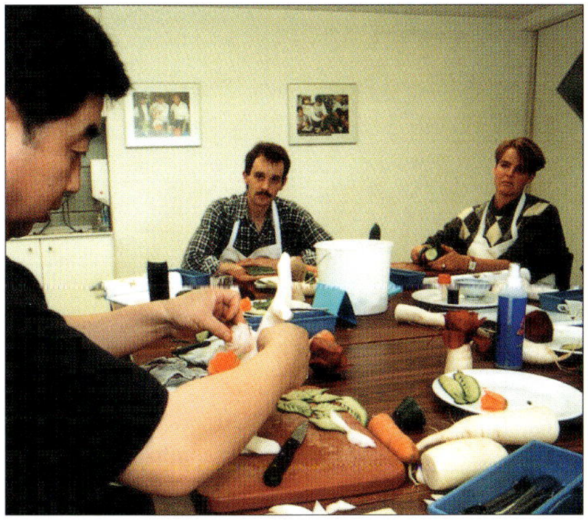

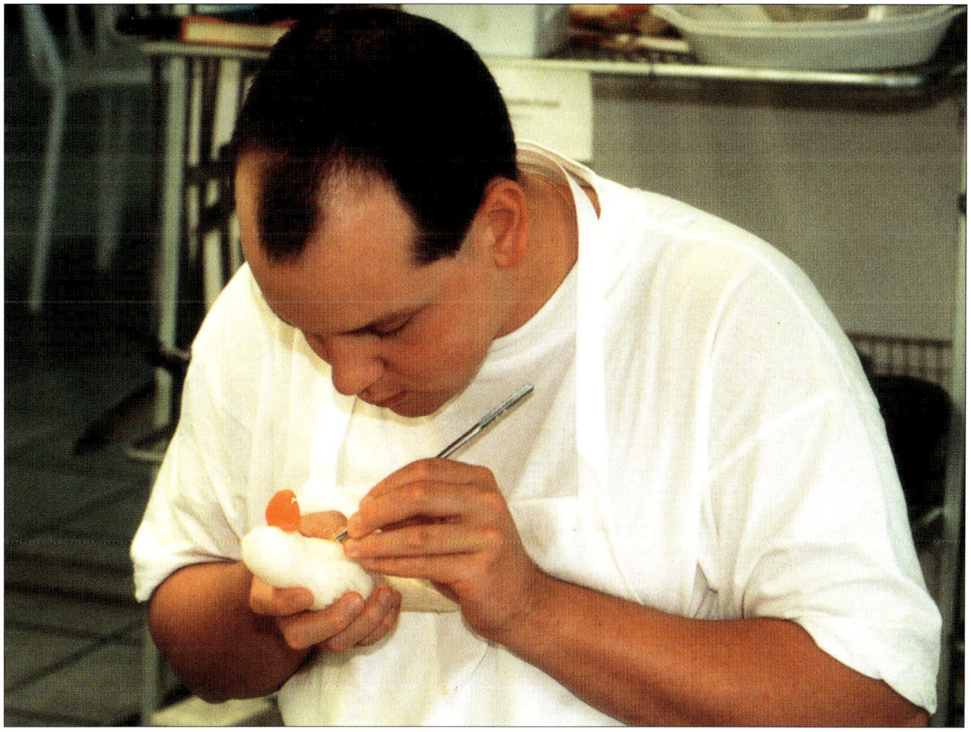

Material

65145

Der Profikoffer, mit dem Sie alles schnitzen können, was in den verschiedenen Wang-Büchern gezeigt wird. 36-teilig, komplett mit Schnitzwerkzeug, gerillten Meisseln, verschiedenen Ausstechern, Melonen- und Thaimesser, Gemüsespitzer und Gemüseleim, Garnierhilfen

Die nebenstehenden Minikoffer 65160–65162 enthalten das Spezialwerkzeug, mit dem die Schnitzereien aus diesem Buch realisierbar sind

65161 Minikoffer mit 3-teiligem Doppelmeissel-Set (3 runde Meissel, 2 gerillte Meissel, 1 V-Meissel), Schnitzmesser und Schleifer mit lebenslanger Garantie

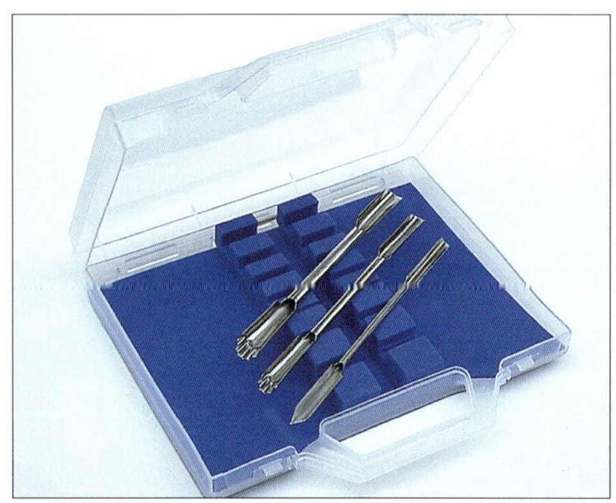

65160 Minikoffer mit 3-teiligem Doppelmeissel-Set (3 runde Meissel, 2 gerillte Meissel, 1 V-Meissel)

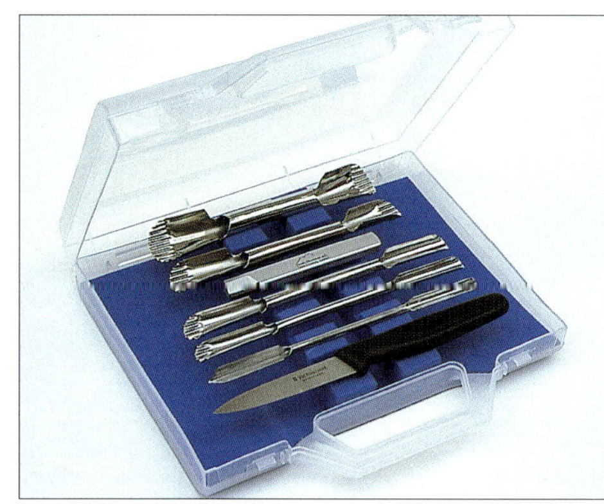

65162 Wie 65161 plus 2 grosse gerillte Meissel (Ø 18/20/22/25 mm)

65163 Minikoffer mit 4 gerillten Meisseln (8 Grössen, Ø 8/10/12/15/18/20/22 und 25 mm) plus 1 Markierungsmeissel
65164 Wie 65163 plus Schnitzmesser und Schleifer mit lebenslanger Garantie

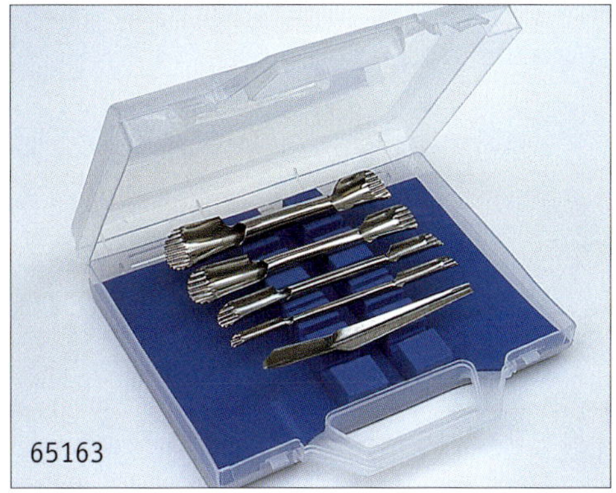

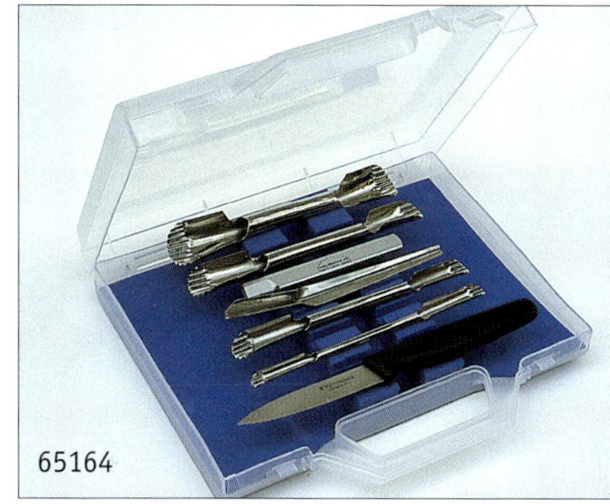

65151 Thaimesser mit Markierungsspitze und flexibler Klinge
24030 Wangs beliebtes Schnitzmesser mit Holzgriff und Klinge 8 cm
24029 Schnitzmesser mit Nylongriff, Klinge 8 cm

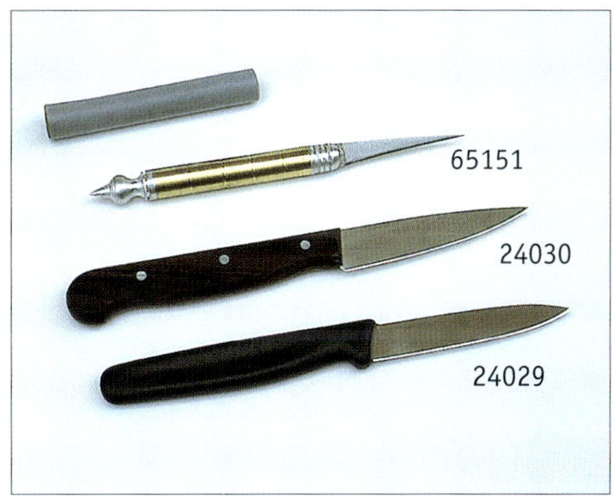

65150 Chinesisches Universalmesser, Chromnickelstahl, zugeschweisster Hohlgriff, 100% hygienisch

65195 Gemüseleim (nicht essbar)
65152 Gemüsespitzer für schnelle Dekorationen
18402 Swiss Schärfer «PROFI» mit Diamantstein für alle Messer, Meissel und Scheren
18401 Swiss Schärfer «MINI» mit Diamantstein für alle Messer, Meissel und Scheren
65200 Box mit 4 Beuteln F-keep-fresh-Pulver (essbar), ergibt 4×2 dl Sprühextrakt
65201 Sprayflasche, 2,5 dl, extrafeiner Sprühknopf

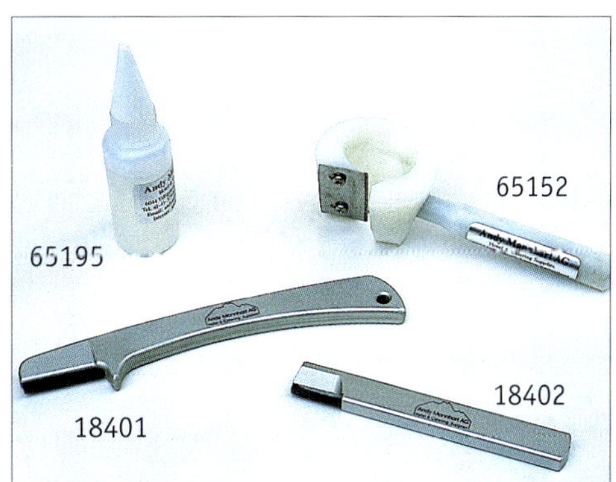

Hygienische Schneidebretter aus Kunststoff,
Dicke 2 cm

55313 GN 1/2, 325×265×20 mm, weiss
55513 GN 1/2, 325×265×20 mm, marmor
55439 GN 1/2, 325×265×20 mm, gelb
55430 GN 1/2, 325×265×20 mm, rot
55113 GN 1/2, 325×265×20 mm, braun
55230 GN 1/2, 325×265×20 mm, grün
55443 GN 1/2, 325×265×20 mm, blau
55314 GN 1/1, 530×325×20 mm, weiss
55533 GN 1/1, 530×325×20 mm, marmor
55437 GN 1/1, 530×325×20 mm, gelb
55433 GN 1/1, 530×325×20 mm, rot
55114 GN 1/1, 530×325×20 mm, braun
55233 GN 1/1, 530×325×20 mm, grün
55440 GN 1/1, 530×325×20 mm, blau

24901 Fruchtentkerner herzförmig, Ø 27 mm
24902 Fruchtentkerner herzförmig, Ø 20 mm
24522 Fruchtentkerner rund gezackt, Ø 16 mm
20463 Zucchini-Entkerner, Nylongriff
22130 Ananasausstecher, Ø 26 mm, Nylongriff

24904 Ziseliermesser doppelt, seitlich, mit Nylongriff
24511 Dekor-Zestenmesser mit Nylongriff
20370 Ziseliermesser einfach, mit Nylongriff
24491 Dekor-Ziseliermesser mit Nylongriff

24630 Pariser Löffel, Ø 10 mm, mit Nylongriff
24631 Pariser Löffel, Ø 15 mm, mit Nylongriff
24632 Pariser Löffel, Ø 18 mm, mit Nylongriff
24633 Pariser Löffel, Ø 22 mm, mit Nylongriff
24634 Pariser Löffel, Ø 25 mm, mit Nylongriff
24635 Pariser Löffel, Ø 30 mm, mit Nylongriff
24651 Pariser Löffel, oval Ø 26×15 mm
24903 Pariser Löffel herzförmig, Ø 25×30 mm
20464 Pariser Löffel oval gerippt, Ø 26×15 mm

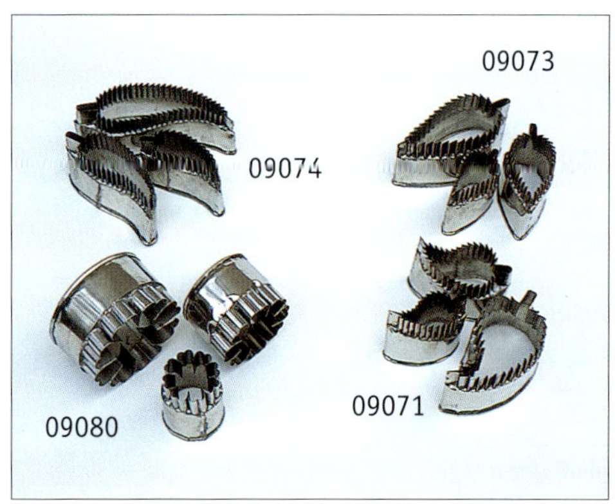

09074 Set mit 3 extra langen Blätterausstechern Länge 8/11,5/15 cm
09073 Set mit 3 geraden Blätterausstechern Länge 8/10/13 cm
09080 Set mit 3 Blumen-Ausstechern Ø 4,4/7,2/9 cm
09071 Set mit 3 gebogenen Blätterausstechern Länge 7/10/12 cm

09030–09041

09030 Verstärkter Gemüseausstecher, Löwe
09031 Verstärkter Gemüseausstecher, Schütze
09032 Verstärkter Gemüseausstecher, Jungfrau
09033 Verstärkter Gemüseausstecher, Skorpion
09034 Verstärkter Gemüseausstecher, Wassermann
09035 Verstärkter Gemüseausstecher, Krebs
09036 Verstärkter Gemüseausstecher, Steinbock
09037 Verstärkter Gemüseausstecher, Fisch
09038 Verstärkter Gemüseausstecher, Waage
09039 Verstärkter Gemüseausstecher, Zwillinge
09040 Verstärkter Gemüseausstecher, Stier
09041 Verstärkter Gemüseausstecher, Widder

09010–09021

09010 Verstärkter Gemüseausstecher, Hase
09011 Verstärkter Gemüseausstecher, Hahn
09012 Verstärkter Gemüseausstecher, Blume
09013 Verstärkter Gemüseausstecher, Goldfisch
09014 Verstärkter Gemüseausstecher, Fisch
09015 Verstärkter Gemüseausstecher, Hummer
09016 Verstärkter Gemüseausstecher, Schmetterling
09017 Verstärkter Gemüseausstecher, Blume mit Blättern
09018 Verstärkter Gemüseausstecher, Ente
09019 Verstärkter Gemüseausstecher, Krabbe
09020 Verstärkter Gemüseausstecher, Gans
09021 Verstärkter Gemüseausstecher, Maus
09025 Verstärkter Gemüseausstecher, Blatt

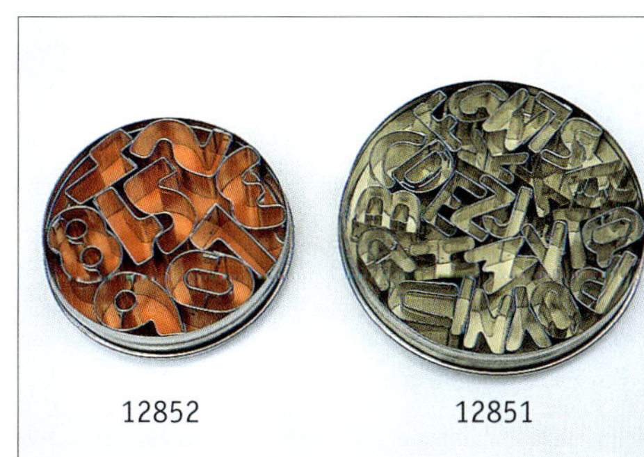

12852 12851

12852 Ausstecherset mit 9 Zahlen
12851 Ausstecherset mit 26 Buchstaben

Fachbücher

Lust auf mehr?
Das grosse Lehrbuch der Gemüse- und Früchteschnitzerei von Xiang Wang zeigt auf 200 Seiten in 26 Lektionen wahre Kunstwerke, die jedes Buffet verschönern.

Art.-Nr. 92650
ISBN 3-9522048-1-1

Das grosse Lehrbuch **Früchte schneiden und schnitzen** zeigt auf 206 Seiten, wie sich Früchte in Kunstwerke verwandeln lassen.
Das Buch ist in Lektionen nach Früchten aufgegliedert. Jede Lektion vermittelt, wie Früchte dekroativ aufgeschnitten oder zu kleinen Kunstwerken geschnitzt werden können.

Art.-Nr. 92651
ISBN 3-9522048-0-3

Zu beziehen bei:

Andy Mannhart AG
Fachschule Kochartistik
CH-6044 Udligenswil-Luzern/Schweiz
Telefon (-41-41) 375 02 20
www.andymannhart.com
info@andymannhart.com